# 天然气市场营销
# 理论与应用

李宝军　贺志明　熊　伟　何润民　等◎著

石油工业出版社

## 内 容 提 要

本书系统总结了天然气市场营销理论，分析了天然气市场需求影响因素，提出了天然气需求预测与价格承受能力方法。针对天然气市场营销与开发，提出了不同情境下的策略，并以川渝地区为例，提出了以价值创造为核心的天然气营销模式，评价了其成效，对开拓天然气市场，创造和谐营销关系具有极其重要的意义。

本书适合天然气市场营销从业者与研究人员阅读。

**图书在版编目（CIP）数据**

天然气市场营销理论与应用 / 李宝军等著. —北京：石油工业出版社，2021.12
 ISBN 978-7-5183-5154-1

Ⅰ.①天⋯ Ⅱ.①李⋯ Ⅲ.①天然气—市场营销—中国 Ⅳ.①F426.22

中国版本图书馆CIP数据核字（2021）第279575号

---

**天然气市场营销理论与应用**
李宝军 贺志明 等 著

出版发行：石油工业出版社
 （北京市朝阳区安华里二区 1 号楼 100011）
网　　址：www.petropub.com
编 辑 部：（010）64523570　　图书营销中心：（010）64523633
经　　销：全国新华书店
印　　刷：北京晨旭印刷厂

2021 年 12 月第 1 版　　2021 年 12 月第 1 次印刷
740 毫米×1060 毫米　开本：1/16　印张：14.5
字数：190 千字

定　价：68.00 元
（如发现印装质量问题，我社图书营销中心负责调换）
版权所有，翻印必究

# 编委会

**主　编**：李宝军　贺志明　熊　伟　何润民　朱力洋
　　　　　张　川　王富平　张亚明

**成　员**：邹晓琴　王　苾　李孜孜　梅　琦　高　芸
　　　　　任雨涵　李映霏　蒋　龙　张建平　江　林
　　　　　姚世斌　杨再勇　熊　波　唐诗国　张友波
　　　　　任　伟　李　军　邓　刚　朱　怡　邹　银
　　　　　刘孝峰　王　宇　杜奇平　叶　畅　罗学渊
　　　　　敬　雷　谢汝君　李森圣　王晓东　吴杨洁
　　　　　陶　玲　黄　放　罗凌睿　袁　灿　杨雅雯
　　　　　李廷东　付　斌　王盟浩　陈渝静　王瀚悦
　　　　　肖　佳　杨天翔　曾　镶　黎　雪

# 序

伴随着中国经济持续快速发展与"双碳"目标的推行，天然气已经成为中长期连接传统化石能源与风电、光伏等非化石能源的桥梁与纽带。因为上述原因，天然气对外依存度持续保持在40%以上，天然气需求将持续稳定增长。如何更好地做好天然气营销，成为优化天然气资源配置，带动国民经济稳定增长与优化能源消费结构、产业结构的重要课题。

本书围绕这一课题展开了深入研究，以期为推动中国天然气行业发展，提升天然气资源配置效率，推动天然气营销优化贡献一份力量。

天然气在中国利用已有上千年历史，新中国成立以来，天然气产业获得了长足发展。川渝地区作为中国天然气产业发展的重要基地，经过60多年发展，已经形成包括城市燃气、工业燃料、化工化肥、天然气发电等的天然气利用产业集群。天然气利用行业遍布川渝地区80%的国民经济行业，成为全国重要的天然气消费区。

中国石油天然气股份有限公司西南油气田公司（简称"西南油气田公司"）作为川渝地区天然气行业主要供应商，李宝军教授带领营销团队，长期致力于天然气市场的理论与实践研究，在天然气营销上积累了丰富的市场经验，形成较为成熟的营销理念。在此基础上，以营销理论为基础，结合天然气市场特点，形成系统的天然气营销理论与模式，奠定了理论基础与实践基础，形成《天然气市场营销理论与应用》一书，为中国天然气工业高质量发展与推动天然气营销事业发展提供有益的参考。

本书图文并茂，体系完善，内容深入，集科学性、基础性、专业性与应用性、可操作性于一体，具有以下特点：

### 一、理论创新性

本书基于传统的营销理论，结合天然气市场特点，提出了系统的天然气营销理论，贯穿于天然气市场环境分析、需求预测、价格承受能力分析、营销策略与市场开发等天然气营销的方方面面，既有理论的系统总结与梳理，也有基于市场特点形成的天然气市场营销理论的创新，从而为天然气市场营销提供了坚实的理论支撑。

### 二、方法可靠性

本书所采用的与市场营销相关的各种方法，均在实践中多次应用，得到实践的印证。如天然气需求预测与价格承受能力测算方法，均长期指导天然气市场需求预测。天然气价价联动方法，有效地将天然气供应商的定价与天然气用户的商品价格波动性结合在一起，形成合理的销售价格定价模式，得到来自政府与用户的一致肯定。

### 三、实践系统性

本书不仅提出了系统的天然气营销理论，还以西南油气田公司天然气营销为实践，根据市场化改革、市场竞争的需要，探索出打造以客户价值创造为核心的天然气营销模式，为天然气营销提供了一种与传统营销模式有别的新模式，通过优化组织结构、客户管理、竞争管理，切实践行了中央能源企业政治责任、经济责任、社会责任，起到为政府、社会、客户创造价值的效果，同时实现企业自身的价值，创造了良好的经济效益。

总而言之，本书研究成果丰富，理论有创新，应用有深度，理论与实践结合紧密，具有很强的指导性与应用性，特此推荐给读者。

是为序。

# 前　言

天然气在中国有着悠久的发展历史。新中国成立以来，天然气产业发展迅速，截至 2021 年年底，中国天然气年表观消费量已经超过 3670 亿立方米，天然气在一次能源消费中的比例接近 9%，成为中国能源的重要组成部分。

随着碳达峰与碳中和目标的推进，无论从全球还是从中国看，天然气以其清洁能源属性，同时兼有供应稳定，与新能源互补发展的优势，在能源转型中的战略地位日益提升。全球地缘政治的不稳定性也凸显了天然气在中国能源安全中的重要地位，推动天然气利用规模持续稳步增长。油气体制改革的不断深入为进一步优化天然气资源配置、促进天然气市场健康稳定发展提供了政策支撑。

如何抓住天然气大发展的历史性机遇，从理论与实践上探索天然气市场营销，实现天然气市场发展的效益和多方共赢，已经成为重要的研究课题。

本书正是紧扣这一主题，在深入分析天然气市场营销的相关理论等基础上，根据中国天然气市场特点，分析了天然气市场影响因素，建立了天然气需求量与价格承受能力测算模型并进行实例测算，提出了天然气营销与市场发展策略。最后以西南油气田公司为例，就以价值创造为核心的天然气营销模式进行了理论探索，并就模式实践进行了案例分析。

全书包括以下七个部分：

（1）天然气市场营销理论。主要从营销组合策略理论等经典营销理论出发，结合天然气市场营销特点，划分天然气市场类型，总结传统的天然气市场营销策略，分析国内外典型营销策略案例。

（2）天然气市场影响因素。从经济周期、宏观政策、城市化与工业化、市场主体与利益诉求、天然气产业链、用户用气特征与市场定位、竞争、天然气国际贸易、区域消费特点等九个方面分析天然气市场的主要影响因素。

（3）天然气市场需求预测方法与应用。对天然气市场需求预测方法进行分类比较，提出预测方法选择标准。针对天然气预测模型，提出需求影响因素，就三个不同区域天然气市场的分类用户进行需求量预测。

（4）天然气价格承受能力测算理论与方法。回顾资源配置理论，结合天然气市场特点，提出天然气资源配置的定义与重点、方式。分析价格与天然气资源配置的关系，建立天然气价格承受能力测算方法与模型，以川渝地区为例进行测算与应用。

（5）天然气市场开发。主要着眼于通过现有客户与新市场开发两种途径发展天然气市场。包括通过天然气管道延伸、与地方政府共同开发、竞争或并购等方式获取市场。为做好市场开发，提高市场研判能力，还提出天然气市场调研要点与调研报告撰写方法。

（6）天然气市场营销策略。梳理天然气营销策略发展阶段，提出资源配置策略、价格策略、交易策略、渠道策略、服务策略等天然气市场营销策略组合。

（7）打造以价值创造为核心的天然气营销模式——以西南油气田公司为例。基于上述研究成果，就以价值创造为核心的天然气营销模式进行理论探索，对传统营销模式与以价值创造为核心的天然气营销模式进行区别，提出建立以价值创造为核心的天然气营销模式的必要性，以西南油气田公司为例，分析以价值创造为核心的天然气营销模式实践与成效。

本书在编撰过程中得到了西南油气田公司营销部等部门大力支持，在此致以谢意。

本书在编写过程中参考和引用了众多科研成果与文献，在此特向这些科研人员及本书引入参考文献的作者们表示由衷的感谢。

由于编者的水平有限，本书涉及的研究内容较多且较为复杂，存在的错误和不足之处敬请读者批评指正。

# 目 录

**第一章 天然气市场营销理论** ......1

    第一节   经典营销理论 ......2

    第二节   天然气市场类型及传统的营销策略 ......15

    第三节   国内外典型营销策略案例分析 ......23

**第二章 天然气市场影响因素** ......32

    第一节   经济周期 ......32

    第二节   宏观政策 ......34

    第三节   城市化与工业化 ......49

    第四节   市场主体与利益诉求 ......53

    第五节   天然气产业链 ......57

    第六节   用户用气特征与市场定位 ......65

    第七节   竞争 ......78

    第八节   天然气国际贸易 ......82

    第九节   区域消费特点 ......87

**第三章 天然气市场需求预测方法与应用** ......91

    第一节   天然气市场需求预测方法与比较 ......91

    第二节   天然气用户需求预测模型建立与实证 ......96

    第三节   天然气用户需求预测模型应用与实证 ......110

## 第四章　天然气价格承受能力测算方法 …… 122

- 第一节　天然气资源配置理论 …… 123
- 第二节　测算理论 …… 128
- 第三节　测算方法 …… 130
- 第四节　测算实例 …… 133
- 第五节　测算结果应用 …… 141

## 第五章　天然气市场开发 …… 143

- 第一节　存量市场开发 …… 143
- 第二节　新市场开发 …… 147
- 第三节　天然气市场调研与报告撰写 …… 151

## 第六章　天然气市场营销策略 …… 154

- 第一节　营销策略发展阶段 …… 154
- 第二节　资源配置策略 …… 156
- 第三节　价格策略 …… 160
- 第四节　交易策略 …… 166
- 第五节　渠道策略 …… 174
- 第六节　服务策略 …… 177

## 第七章　打造以价值创造为核心的天然气营销模式 …… 181

- 第一节　以价值创造为核心的天然气营销模式理论探索 …… 181
- 第二节　建立以价值创造为核心的天然气营销模式的必要性 …… 185
- 第三节　以价值创造为核心的天然气营销模式实践 …… 189
- 第四节　以价值创造为核心的天然气营销模式成效 …… 203
- 第五节　以价值创造为核心的天然气营销模式持续优化路径 …… 206

## 参考文献 …… 213

# 第一章　天然气市场营销理论

20 世纪初市场营销学兴起于美国，经过数十年的不断发展与完善，在现今经济社会发展的各个方面都得到广泛的运用与推广，是作用于世界经济一体化浪潮下企业生存发展最重要的管理工具与理论依托。

市场营销是与市场有关的人类活动（图 1-1）。市场营销意味着和市场打交道，为了满足人类需要和欲望，去实现潜在的交换。其本质是以交换为中心，以顾客（市场）为导向，协调各种市场营销活动，靠顾客满意来实现企业各项目标。即企业要以顾客为中心，从顾客的诉求出发认真分析顾客需求，力求给予满足，最后获得利润，是企业将潜在的隐藏机会转为现实的市场机会，实现自我发展目标的有效方法。

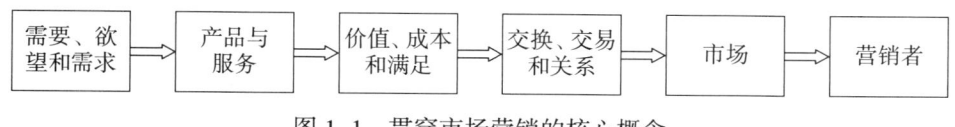

图 1-1　贯穿市场营销的核心概念

当今，中国的天然气资源供应总体属于垄断状态，但仍存在市场竞争，仍需应用现代市场营销理论来指导企业的生产经营活动，提升企业的综合实力和盈利水平，促进企业的发展。

## 第一节　经典营销理论

### 一、营销组合策略理论

企业进行市场营销的最终目的是通过满足消费者的需求从而实现企业的价值。市场营销组合主要是以市场需求为导向进行营销策略的制定和实施，因此其可以在最大程度上满足消费的需求，同时也是应对市场中同行业竞争的重要途径和手段，并根据营销组合的情况在细分市场中配置营销资源，提高营销效率。

营销组合策略一般定义为企业在既定市场范围内，从内部外部两个方面考虑企业有能力掌控的条件，从而科学地组合利用内外环境、市场竞争状态等，辅助企业达到经营目标。作为市场战略制定的基石，营销组合策略的成功与否决定了企业是否能够切合目标用户的需求。因此，企业应当为营销策略的制定科学地分配预算，以促进该竞争工具的高效利用。

（一）营销组合策略的内容

国内外学者在对营销组合策略研究过程中，经历了一系列演变，具体包括：

1. 4P 营销组合策略

20 世纪 60 年代，市场营销在学术领域进入了硕果累累的黄金时期，最具有代表性的成果就是市场实现了从卖方主导向买方主导的转化。而企业经营也摒弃了过去的陈旧理念力求应用最新的营销理念。同一时期，杰罗姆·麦肯锡基于市场营销的商业实操提出了基于产品（Product）、定价（Price）、渠道（Place）、促销（Promotion）的 4P 营销组合策略理论。其后这一理论被许多市场营销学者不断研究深化，菲利普·科特勒就于 1967 年针对该理论做出了进一步的阐释。在 4P 理论中以下四个要素是研究的核心：

（1）产品（Product）是指能够向市场出售并且可以吸引注意力的有形物体或无形载体，这些产品能够满足人们某种消费的欲望。具体的产品类型多种多样，而最重要的包括形式产品、核心产品以及扩增产品。在 4P 理论中顾客认为产品并非单一的有形物质，而是一类能够满足其复杂利益需求的组合。因此，在开发产品时，营销人员首先必须找到产品将要满足的核心消费者需要，然后设计出形式产品和找到扩大产品外延的方法，以便创造出最大满足消费者需求的一系列利益组合。

（2）价格（Price）是指在考虑影响产品定价的各种因素包括内部因素（如产品成本）和外部因素（如消费者需求）基础上确定一个商品的售价。4P 理论认为，确定一个商品的基础价格有三种方法，即以成本为中心定价、以需求为中心定价和以竞争为中心定价。在确定出商品的基础价格后，还应根据各种变因采用恰当的定价策略调整价格。

（3）渠道（Place）指商品从生产者向消费者转移所经过的途径。4P 理论认为，市场营销渠道可被看成是为顾客增加价值的顾客价值交付系统。因此，设计销售渠道必须先找出各目标市场中的消费者想从该渠道中获得什么价值，从而制定相应的销售渠道策略。

（4）促销（Promotion）是指以人员或非人员的联络方式，传递信息，以利于商品或服务的销售。因此，现代公司必须掌握复杂的营销沟通系统，以利于它的中间商、消费者和各种公众交流。

可以说，4P 理论构建了现代营销学的基本雏形。它为企业营销研究指明了基本的思路和方向，就影响因素可控与否可以进行针对性地划分。一般而言，不可控的营销因素基本都是客观环境，譬如自然环境、法律政策变化、政治经济环境的剧变等等，企业影响无法左右这些因素。其他可控因素则有促销、销售拓展、产品定价等因素,企业可以通过营销活动调整对环境因素的影响,从而提升营销活动效率和质量。总体而言,市场营销活动的效果与市场营销战略规划存在着较为紧密的联系。一般来说,能够满足特定市场需求并且配以较为合理定价的产品,在企业销售宣发活动到位时,企业就可以占据市场竞争的优势地位。

2. 4C营销组合策略

4C营销理论是由美国营销专家劳特朋教授针对4P理论提出的。它以消费者需求为导向,重新设定了市场营销组合的四个基本要素:即消费者(Customer)、成本(Cost)、便利(Convenience)和沟通(Communication)。明确指出企业营销的导向应当尊崇用户首位的原则,其次是努力降低顾客的购买成本,然后要充分注意到顾客购买过程中的便利性,而不是从企业的角度来决定销售渠道策略,最后还应以消费者为中心实施有效的营销沟通。在这一理论体系之中,市场营销应当侧重于让产品尽可能地满足客户需求,并且缩小客户购买成本并且及时跟进沟通交流,收集客户对于营销活动的意见和反馈。

(1)顾客(Customer)是一切的核心。顾客需求和欲望(demand & desire)是企业一切经营活动的核心,企业重视客户要超过产品本身。顾客所代指的显然是产品与客户需求和期待所契合的程度,企业在生产销售产品时,需要对客户和市场的基本需求有所了解,同时要关注客户价值,并不单单止步于相应的交易标的交付。

(2)成本(Cost)是影响消费者购买产品的一个重要方面,也是企业发展的决定性因素,企业首先要了解消费者的需求和欲望,愿意付出多少成本,而不是给产品定价,消费者要花多少钱。成本包括了企业生产销售和客户购买两方面的成本。对于顾客来说,货币消耗是最直观的成本,此外还包括为了购买所必须承担的风险及身体机能消耗等。在这一理论之中，价格应当是为了保障企业和客户能够实现双赢合作而存在的，也就是说定价应当符合客户的基本心理期待，并且还能让企业在刨去生产成本后还能继续盈利。

（3）便利（Convenience）是企业向消费者提供方便，是比营销渠道更重要的。方便，是方便客户，维护客户利益，为客户提供全方位的服务。便利是指企业生产销售活动能够尽可能地满足客户的消费需求，这一需求包括客户对于产品的功能性需求，对于购买过程的便捷度需求等等。企业应当站在客户的视角开展产品营销，为用户的购买消费活动尽可能地创设便利环境。

（4）沟通（Communication）是企业应当关注与客户的双向沟通，以适应顾客情感的一种积极的方式，建立一个基于企业共同利益的客户关系模型。双向沟通协调矛盾，建立和谐的感情，培养顾客的忠诚。沟通即企业应当积极和客户之间开展信息交互，无论是在消费活动之后的销售跟踪调查还是企业构建客户意见反馈平台等方式，本质都是一种企业和客户之间积极进行沟通交流的过程。企业产品信息的不断铺开的推广过程既是一种宣传，也是一种客户意见的收集渠道。凭借营销开展企业产品信息的推广和情感营销实现客户忠诚度的培养。

4C理论的出现引领了营销学研究的新风尚，它在国内营销学界所造成的影响都是颇为可观的，并且往往能够给企业带来质的飞跃与提升。

3. 4R 营销组合策略

4R 营销理论是由美国整合营销传播理论的鼻祖唐·舒尔茨在 4C 营销理论的基础上提出的新营销理论。4R 分别指代关联（Relevance）、反应（Reaction）、关系（Relationship）和回报（Reward）。该营销理论认为，随着市场的发展，企业需要从更高层次上以更有效的方式在企业与顾客之间建立起有别于传统的新型的主动性关系。

4R营销组合策略的基本因素如下：

（1）关联（Relevance），企业运营需要以消费者为策略制定的核心向导，从长期来看，企业必须建立起和用户之间的联系，并且设法巩固此关系。

（2）反馈（Reaction），企业应当从消费者的视角出发在第一时间实现运营模式从"企业被动猜测"到"客户主动反馈 - 企业积极回应"的转变，而不是单方面地局限于单方向的方案制定。

（3）关系（Relationship），在当代激烈竞争的市场背景下，企业在市场立足并且寻求扩大市场规模的要点在于培养忠诚的消费者，和消费者建立亲近和牢固的关系。具体来看当代的市场已经实现了如下五个变化：企业和消费者的关系实现了从单次业务向长期往来的转变；利益点实现了从短期获利向长期盈利的转变；消费者参与方式实现了单一地配合交易向多元地了解产销的转变；利益关系实现了从矛盾对立向双赢的转变；管理目标实现了从市场策略向用户服务的转变。

（4）回报（Reward），企业在所有业务往来过程中，在营销层次处理问题的最初动机和最终目的都是为了得到"回报"。

4R营销理论是以关系营销为核心，注重企业和客户关系的长期互动，重在建立顾客忠诚的一种理论。它既从厂商的利益出发又兼顾消费者的需求，是一个更为实际、有效的营销制胜术。

4. 4V营销组合策略

20世纪80年代，伴随着科技不断发展，大量新型企业、科技产品等不断发展起来，企业经营管理活动越来越重视提高企业核心竞争能力，在此背景下，国内学者吴金明等在以往关于营销策略的研究成果上，提出4V营销理论，该理论主要基于市场竞争，具体包括：

（1）差别化（Variation），也就是企业凭借自身的综合优势，在产品的生产、销售渠道以及广告和售后服务方面做好，区别于市场中其他的品牌和产品，形成突出的差异。

（2）功能化（Versatility），以消费者的需求为重点，满足多样化的功能需要，增加或者是减少某些商品的功能。

（3）额外价值（Value），企业利用高水平的生产工艺、创造品牌的文化机制以及有创意的营销广告等，使产品获得更高的附加价值，增强综合竞争能力。

（4）共鸣（Vibration），企业在持续占有一定市场份额的情况下，保持竞争力价值创新，让消费者的心理需求得到满足，将产品的价值最大化。

4V理论是基于当下科技和通讯的发展，使得用户得到信息的渠道不再单一，也摆脱了曾经企业与消费者信息不对称的局面，沟通方式的多元化让用户能从多方面了解到企业的真实状况，企业如何在市场中与竞争者拉开区别，主要依靠于4V理论，并且要求企业的产品和服务更加具有韧性，能够满足用户的多种需求，4V营销的最核心要点是更加重视企业发展的无形要素，通过品牌和文化等多方面元素来满足更多的消费者。

4P、4C、4R、4V营销策略对比，如表1-1所示。

表1-1 各营销组合策略优劣势对比

| 营销组合策略 | 主要内容 | 优势 | 劣势 |
| --- | --- | --- | --- |
| 4P策略 | 产品策略：包括产品实体、服务、产品包装和品牌<br>渠道策略：包括分销渠道、储存设施、运输设施和存货控制<br>价格策略：包括新产品定价策略、产品组合定价策略和价格调整策略<br>促销策略：包括人员推销、广告、营业推广和公共关系 | 直观性、可操作性和易控性<br>直观地解析企业的整个营销过程<br>容易掌握和监控<br>理论上概括，实务上可操作 | 因为过于追求利润最大化，容易导致企业与顾客发生矛盾<br>不注重顾客的需求，缺乏引导消费者思想<br>只适合制造业中消费品的营销活动和生产者主权的卖方市场 |

续表

| 营销组合策略 | 主要内容 | 优势 | 劣势 |
| --- | --- | --- | --- |
| 4C策略 | 消费者策略：主要是关注消费者的欲望及需求状态<br>成本策略：主要关注消费者在消费过程中所得到的满足成本，包括产品生产成本和消费者消费成本两方面<br>便利策略：方便消费者，为其提供方便的消费通道<br>沟通策略：与消费者沟通，培养其忠诚度 | 注重消费者需求<br>注重资源整合和企业形象宣传<br>注重传播和双向沟通 | 消费者需求为导向忽略企业实际情况<br>存在满足消费者需求的可操作性问题<br>被动地适应消费者需求，无法体现出赢得消费者，同时拥有消费者认同感的双重营销思想理念 |
| 4R策略 | 关联策略：是指与消费者建立关联，提高其满意度和忠诚度，减少消费者流失<br>反应策略：是企业对市场的反应速度<br>关系策略：强调不断改进企业与消费者关系，实现顾客固定化<br>回报策略：是指为企业带来收入和利润的能力 | 竞争为导向，与客户形成独特的关系，形成竞争优势<br>追求回报，企业实施低成本战略，获得更多的市场份额，形成规模效益 | 要同消费者建立关联，需要一定的实力基础或特殊条件 |
| 4V策略 | 差异化策略：强调差异化产品和细致周到的服务为企业和产品树立良好形象<br>功能化策略：是通过提供差异化功能的产品来满足不同消费者的习惯<br>附加价值策略：注重高附加价值产品和服务来满足消费者的需求<br>共鸣策略：指在消费者获得最大程度满足的同时，企业实现效益最大化 | 创新驱动<br>兼顾社会和消费者及企业和员工的利益<br>有利于培育企业核心竞争力<br>能有效提升顾客忠诚度 | 进行4V营销策略需有较强的管理能力，需要实力基础 |

5. 6P营销组合策略

1980年后，全球经济的发展速度放缓，市场营销领域在政策以及文化等多重因素的作用下竞争更加残酷。这就意味着市场的4P因素需要考虑来自内外两个方面的作用，从内部来看，市场营销组合要参考企业所拥有的资源和营销所要达到的市场目的，从外部来看市场营销组合不能不排除来自政策、竞争者等多重因素的作用。传统的理论仅体现了企业市场营销会受到来自企业外部的因素作用，而没有反映出企业自身条件会带来的制约，此外，传统的理论也没有双向地考虑企业对外在市场的反作用效果。科特勒于20世纪80年代提出的6P理论打破了传统理论的局限，给出大市场营销的理论，将公共关系（Public Relations）和政治权力（Power）纳入其中，因此过去的4P理论也被拓展为6P理论（图1-2）。

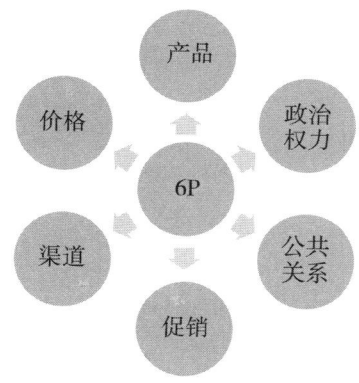

图1-2　6P营销理论模型

通过对比传统的4P理论，科特勒的大市场营销理论有以下两大性质：

其一，凸显了外部力量对企业的作用，强调企业应开展内外合作，以削弱政治因素对市场营销的作用，从而拓展产品渠道。因此，企业在市场营销分析的过程中除了要钻研客户的产品需求，还应当充分掌握来自各个方面的干扰，着力于制定应对手段。

其二，改变了对外部作用因素的传统认识，在过去的理论框架下我们并不认为外部因子之间也是存在相互作用的，科特勒的理论提出外部因子并非相互独立，而是连接共通的，企业可以通过各种手段组合这些因子来最终扭转环境因子带来的市场影响。

6. 11P 营销组合策略

科特勒在提出 6P 理论后不久，又对其原有的学术成果进行了拓展研究，最终提出 11P 营销理论。具体来讲，科特勒把人员、定位、优先、细分和探查这五个因素纳入了原有的体系。

（1）产品（Product）：样式、外观、品牌等。

（2）价格（Price）：企业能够根据产品的生命周期理论调节产品的定价，制定合理的价格区间。

（3）促销（Promotion）：具备吸引力的活动。

（4）渠道（Place）：组织产品的销售网络。

（5）政府权力（Power）：通过公共关系手段和目标市场的政府机构进行协商，动用各个方面的关系排除政治方面带来的干扰。

（6）公共关系（Public Relations）：借助媒体手段，在市场上塑造正面的企业形象，博得市场的好感与信任。

（7）探查（Probe）：即市场调研，市场营销领域常用的调研手段，调研工具可以帮助我们洞悉市场细微变动和最新的需求。

（8）细分（Partition）：根据客户需求的影响因素对目标市场进行一定的切割。

（9）优先（Priorition）：筛选出本企业下一步要打入的市场领域。

（10）定位（Position）：在营销过程中，通过确定产品特性以区别本公司产品和竞争品，提高产品的识别度和不可取代性，进而发挥优势。

（11）人员（People）：此处的人员从公司内部看是企业的雇员，从外部看则包括了企业的客户。

11P 理论更加深化和丰富了市场营销理论，其内容如图 1-3 所示。

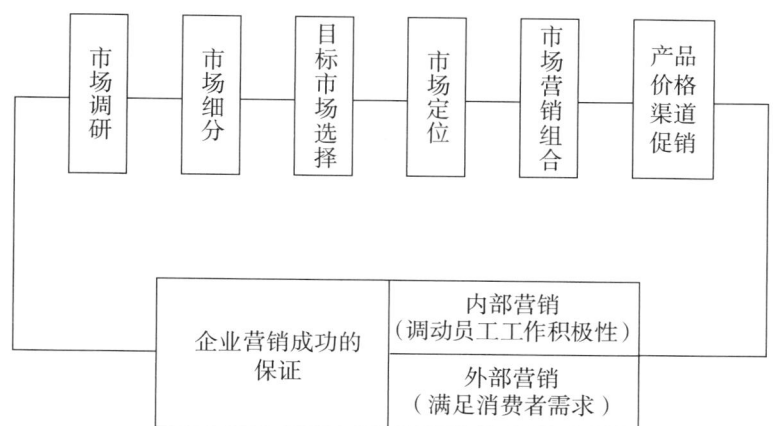

图 1-3 市场营销 11P 理论内容

## （二）营销组合策略的特点

1. 可控性

企业对于影响营销组合的因素具有调控的能力。换言之，企业有能力基于目标市场的变动，调整所运营的产品构架，决定定价策略、促销手段等等，作为市场营销活动的执行方，企业对具体组合的进程具有把控权。然而，企业对于组合策略的把控并不是不受任何影响或者制约的。从企业内部考虑，组合策略的制定受限于企业资金、人力等各方面的资源；从外部角度考虑，宏观政策的变动以及市场竞争者的举动都对本企业的营销动作有着高风险的影响。以上这些企业无法操控或者能够对企业制定策略产生影响的内容在商业领域中也被称作"不能控制的因素"。因而企业的营销策略制定者在进行营销管理的过程中要从营销的内外营销因素两个维度同时出发，齐头并进，既要考虑内在因素的可调控性，又要结合外部环境的变化水平尽量让企业的营销组合策略切合市场的最新需求。具体而言，企业的市场策略计划开展是要以市场调研为前提基础的，只有通过科学的市场调研，企业才能够全面地了解市场动向，最后以市场的实际情况为标准制定合理的组合策略。

2. 动态性

市场营销的组合策略并不是一成不变的,这是因为构成整体策略的每一个因子都不是静止的,另外,这些因子彼此间也存在有相互作用,例如因子间存在竞争关系,一个因子很可能因为某种原因悄然取代了其他的影响因素。权重较大的市场策略影响因素其实是由许多小因素构成的,如果其中一个小因素稍有变动,那么就能够衍生出一个完全不同的新组合。

3. 复合性

营销策略并不是一种简单随机的组合,而是基于一定理论基础、策略结构而构建起来的复杂系统,营销组合策略的系统中涵盖了很多"子策略"。也就是说,营销组合策略层次丰富,策略内部有营销大因子的组合,还有营销小因子的搭配,因而在制定营销组合策略方案时要考虑不同因子可能带来的影响,最终采用科学合理的方式让这个复合的系统发挥作用,被积极调用并发挥最大的营销效益。

4. 整体性

组合策略的确定需要以企业最终整体目标为终极导向展开任务,因此企业相关部门需要开展联合工作、有效利用总体效用。主要的原因在于组合策略的具体因子独立运作时,不仅仅会失去总体概念上的协调性,有时候各个组合因素会产生效用抵消的反应最终降低了组合策略的整体功效。所以营销策略的决策过程通常需要从大局出发,发挥各个因素的作用,力求总效用大于各个因素效用之和。在实际的决策过程中,企业制定营销策略时所追求的功能最优应该是从整体方案的角度进行考虑而不是从单个因素角度进行研究。此外,每一个子策略的制定也要和企业整体的目标相一致。

## 二、关系营销理论

随着市场经济的快速发展和市场经济体制的不断完善和健全，市场参与者的多样化、多元化发展，以及各市场参与者之间相互影响、相互依赖、相辅相成的密切关系，使得处理好各市场参与者间的关系成为影响企业市场营销成败的重要关键因素，由此关系营销便随之而生，其概念最早由美国学者伦纳德·贝瑞教授提出，他认为营销活动是一个有机的整体，是一个企业与消费者、供应商、分销商、竞争者、政府机构及其他社会团体、企业和个人发生互动作用的过程，其核心理念是建立和发展这些关系，实现与关系方建立长期的、相对稳固的、协同发展的营销关系。在营销活动过程中，企业依靠所建立的关系实现市场竞争的相对优势，从而更好地推销公司产品，抢占市场份额。关系营销常见的主要有亲缘关系、地缘关系、业缘关系、文化习俗关系与偶发关系营销五种形态。日常工作中，经常性地沟通与联络，适时地拜访、参观与交流、新品的介绍与推广、活动的邀请及参加等都是关系营销的手段和方式之一。

## 三、实时营销理论

实时营销是指根据特定消费者当前的个性需要，为其提供商品或服务，该商品或服务在被消费过程中可自动收集顾客信息，分析、了解消费者的偏好和习惯，自动调整产品或服务功能，实时地适应消费者变化着的需要。实时营销是营销概念系统内涵的发展，它与现代营销的相同之处在于"以消费者为中心，以消费者需要为出发点，以消费者满足为终点"；它们的不同之处在于实时营销对消费者"需要"概念进行了新的定义：既包括当前需要，又包括未来发展变化的需要。因此，实时营销中的"消费者需要"是一种"动态需要"概念。

实时营销主要有以下四个特征：满足特定消费者当前的个性需要，适应客户需要的多样化和个性化；实时地满足消费者的未来需要；"顾客—产品"层信息反馈模式；产品适应是在公司和消费者无意识的状态下完成的。因为它把学习、了解顾客的活动并入了不断修正的产品提供中，有利于培育顾客品牌忠诚。

### 四、互联网营销理论

互联网营销就是利用互联网进行网络营销的一种营销方式，和传统的营销方式不同的是，互联网营销的传播速度更快，传播范围更广泛。互联网营销的功能包括电子商务、企业展示、企业公关、品牌推广、产品推广、产品促销、活动推广、挖掘细分市场、项目招商等方面。简单地说，互联网营销就是建立在互联网基础之上，实现企业销售目标的一种销售手段。

### 五、服务营销理论

服务营销是企业在充分认识满足消费者需求的前提下，为充分满足消费者需要在营销过程中所采取的一系列活动。服务作为一种营销组合要素，真正引起人们重视的是20世纪80年代后期，这时期，由于科学技术的进步和社会生产力的显著提高，产业升级和生产的专业化发展日益加速，一方面使产品的服务含量，即产品的服务密集度日益增大。另一方面，随着劳动生产率的提高，市场转向买方市场，消费者随着收入水平提高，他们的消费需求也逐渐发生变化，需求层次也相应提高，并向多样化方向拓展。

服务营销的研究形成了两大领域。即服务产品的营销和客户服务的营销。服务产品营销的本质是研究如何促进作为产品的服务的交换；客户服务营销的本质则是研究如何利用服务作为一种营销工具促进有形产品的交换。无论是产品服务营销还是客户服务营销，服务营销的理念都是顾客满意和顾客忠诚，通过顾客满意和忠诚来促进有利的交换，最终实现营销绩效的改进和企业的长期成长。

服务营销组合包括七个要素，即服务产品（Product）、服务定价（Price）、服务渠道或网点（Place）、服务沟通或促销（Promotion）、服务人员与顾客（People）、服务的有形展示（Physical Evidence）、服务过程（Process）。

同传统的营销方式相比较，服务营销是一种营销理念，企业营销的是服务。从服务营销观念理解，消费者购买了产品仅仅意味着销售工作的开始而不是结束，企业关心的不仅是产品的成功售出，更注重的是消费者在享受企业通过产品所提供服务的全过程感受。

有关天然气的营销理论探索和研究，基本是将市场上的营销理论与特色的天然气行业结合，在此基础上广泛推广。天然气虽然是一种特殊商品，但其仍符合一般营销理论的理念，有一定的借鉴意义。

## 第二节　天然气市场类型及传统的营销策略

### 一、天然气市场

从 2003 年到 2021 年，中国天然气消费年均增速约 10.7%，属于快速发展期。天然气发展分为启动期、发展期、成熟期。发展期又分快速发展期、稳定发展期，不同发展阶段消费、市场结构都有明显的差异。按照全球 30 年发展期，中国天然气正处于快速发展向稳定发展的转变期。由于中国政府实施的能源多元化以及减排政策，天然气的使用量近年来出现了显著增长，中国的天然气消费有着明显的地域特征，一般气田聚集区消费量比较高，工业经济发达地区消费量也比较高。从历年用气量看,北京、江苏、广东等地,因为工业发达也致力于发展城市燃气和工业燃气,消费量位居全国前列。新疆和川渝地区因为有着十分丰富的天然气储量优势,本地消纳能力强,也是中国年天然气消费量较大的地区。

(一)中国天然气市场的供给现状分析

国家统计局数据显示,2021年,中国天然气产量达到2075.8亿立方米、同比增长7.8%,这是中国天然气产量首次突破2000亿立方米,也是连续5年增产超过100亿立方米(图1-4)。其中页岩气产量230亿立方米、煤层气利用量77亿立方米,继续保持良好增长势头。中国首个自营超深水大气田——"深海一号"全面投产,首个商业开发的大型页岩气田——涪陵页岩气田累计生产页岩气400亿立方米,创国内页岩气累计产气新纪录。

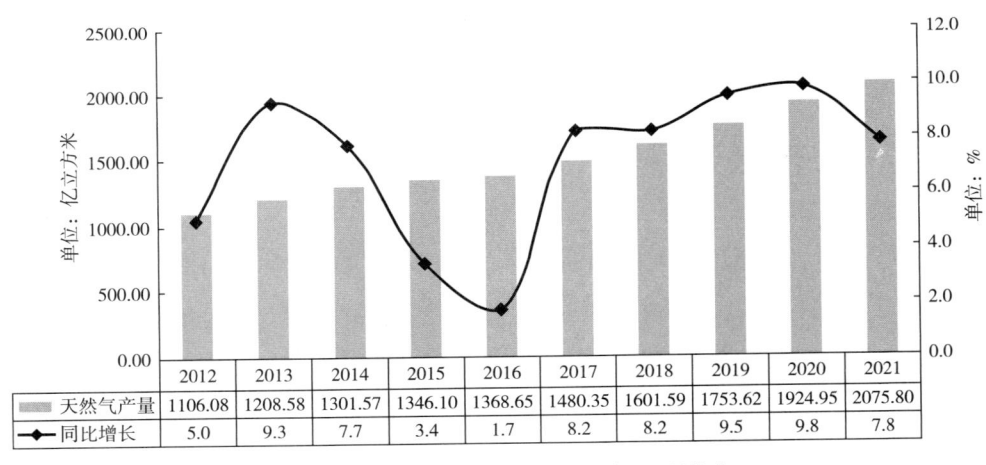

图1-4 2012—2021年天然气产量及增速

数据来源:国家统计局。

2021年,中国天然气新增探明地质储量1.63万亿立方米,创历史新高。页岩油气勘探取得战略性突破,页岩气勘探突破4000米深度,海域油气勘探持续呈现新局面。

天然气进口量快速上升,对外依存度达到近45%。海关总署数据显示,2021年,中国进口天然气12136万吨(约1675亿立方米)、同比增长19.9%,其中LNG进口量7893万吨、同比增长18.3%,管道气进口量4243万吨、同比增长22.9%。2021年以来,中国进口天然气价格整体呈大幅增长态势,其中进口管道气价格相对稳定,进口LNG价格涨幅明显。2021年,中国天然气对外依存度继续上升,达到45%左右(图1-5)。

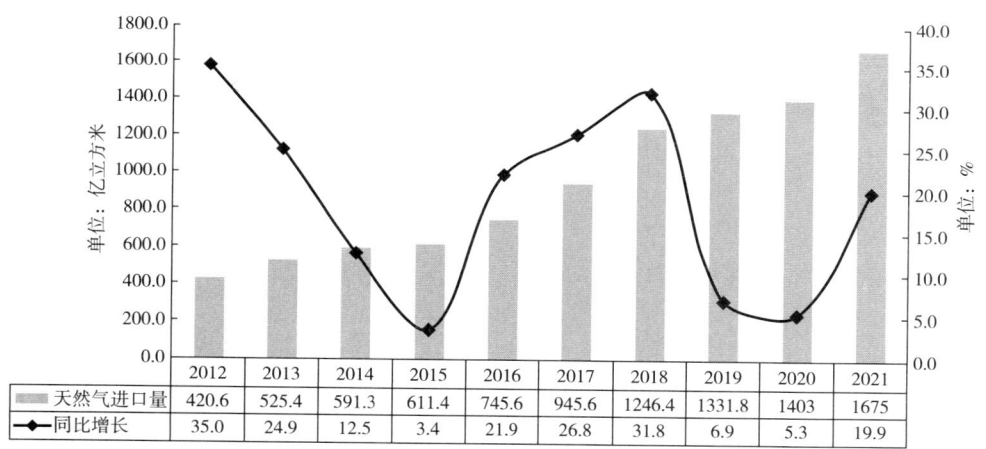

图1-5 2012—2021年天然气进口量及增速
数据来源:国家统计局,海关总署。

2021年,中国LNG进口来源国为27个国家,较2020年增加了韩国、菲律宾、西班牙和泰国,其中从澳大利亚进口的LNG数量仍居首位,占进口量的39%;从美国的进口量位居第二,占比11%;随后依次为卡塔尔、马来西亚、印度尼西亚、俄罗斯。中国管道气进口来源国主要有土库曼斯坦、俄罗斯、哈萨克斯坦、乌兹别克斯坦、缅甸,其中中国从俄罗斯进口的管道气大幅增加,同比增长154%。到2021

年俄罗斯已成为中国第二大管道气供应国，哈萨克斯坦因其国内局势及自身产量问题，对中国的供应量略有下滑。

（二）中国天然气市场的需求现状分析

碳中和背景下，天然气成为世界各国实现能源消费结构转型、节能降耗，走向绿色化和低碳化的重要桥梁，因此世界能源消费结构正由传统能源向天然气等新型能源转型。近年来，中国天然气市场的需求量呈现出快速上升态势，并出现供不应求的局面。根据相关统计，"十三五"期间，中国天然气消费总量约1.36万亿立方米，复合增长率为12%，天然气消费量快速提升。受环保需求以及"煤改气"的驱动，2020年中国天然气消费量达到3240亿立方米，产量为1925亿立方米，五年内天然气产量年均增速7.4%，显著低于消费量11%的年均增速，自产气满足消费量的比例由2015年的69.9%下降至2020年的58.7%，推动中国天然气对外依存度进一步攀升，天然气消费在中国一次能源消费中的重要性逐渐凸显。天然气市场需求的较快增长主要得益于国家释放的天然气行业发展利好政策及相关基础设施建设的不断完善。

国家发展改革委运行快报统计，2021年，中国天然气表观消费量达到3726亿立方米、同比增长12.7%。同口径比较，2020年天然气表观消费量3240亿立方米、增幅5.6%，2021年天然气表观消费量回升明显。2021年国内天然气需求增速前高后低，一二季度增速高涨，三四季度则由于能耗双控、国际LNG现货价格走高、冬季气温偏高等因素，需求增速明显放缓（图1-6）。分领域看，工业与发电用气引领天然气需求增长；分地区看，中西部、长三角、西南等地区天然气消费增速较上年有明显上升。

第一章　天然气市场营销理论

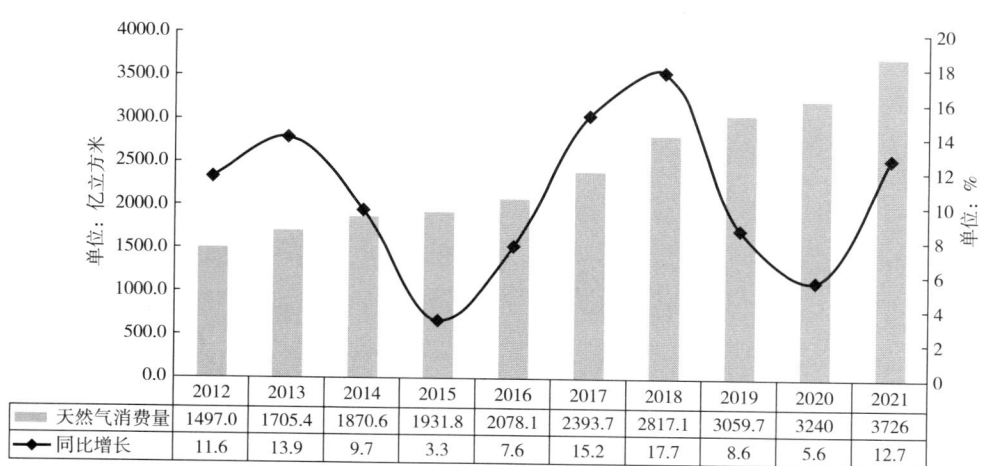

图 1-6　2012—2021 年天然气消费量及增速
数据来源：国家统计局、国家发展改革委。

## （三）天然气市场的特点

首先，天然气市场是承载能源安全和碳中和实现的重要载体。从生产端看，为确保能源安全，减少对外依存，加大国内油气勘探开发，坚持常非并举、海陆并重，"十四五"加快页岩气、煤层气开发力度，天然气产量快速增长，力争 2025 年达到 2300 亿立方米以上。从消费端看，天然气市场是实现中国碳中和战略目标的重要保障，通过扩大天然气市场规模，逐步增加清洁能源比重，使天然气成为传统能源走向绿色清洁能源的桥梁能源。

其次，天然气市场受产业链影响，呈现一体化特点。天然气产业链分生产（供应）、运输、销售三大环节，销售量与销售价格受供应能力、运输能力影响，决定了销售量的上限与定价的下限。天然气销售规模的扩大，相应带动上中游发展。

第三，天然气市场具有较强的社会影响与公益性。天然气市场不是完全纯粹的竞争性商品市场，它具有很强的社会公益性，对社会影响大。天然气的用户包括城市居民和大量的工业、商业用户，天然气供应能力与价格牵涉千家万户，需要保持持续稳定的供应，以维持社会经济稳定运转。

第四，天然气生产地与消费地不完全一致。如从全球看，中东的天然气大部分是外输到东亚和欧洲，欧洲天然气大部分需要进口，国内的天然气产地大部分在西部地区，除川渝、新疆外，大部分天然气外输东部沿海地区。生产与消费的分离，使得中国天然气对外依存度持续保持在45%左右，尤其是东部沿海地区，其市场受进口天然气影响大。

第五，从市场化程度看，LNG市场化程度更高。按照运输方式看，天然气分为管道天然气与LNG，管道天然气对管道、地域有很强的依赖性，其运输受到管道投资、运输距离、市场规模等因素诸多限制。液化天然气运输灵活，更加全球化，具有长期LNG协议定价方式日趋多元化，贸易方式更具灵活性，全球天然气价差缩小，全球化趋势进一步推进的特点。

第六，天然气市场存在一定的波动性。天然气市场波动性一方面与国民经济的周期性波动相关，天然气作为大宗商品，其市场需求波动与宏观经济景气度相关，不可避免受到宏观经济波动影响；另一方面，天然气市场的波动也与用户的用气特征相关，如城市燃气的季节性波动、节假日波动等。

## 二、天然气市场类型

天然气市场结构经历了从最开始的垄断型市场逐渐向低碳的、竞争型的市场转变的历程。

（一）垄断型市场

垄断型市场结构出现在天然气工业发展的初期或发育期，在此期间,天然气工业刚刚起步,在国民经济和一次能源结构中处于不重要的地位;其基本特征表现为基础设施薄弱、消费市场有限、市场参与者很少、天然气市场行为缺乏规范等。在垄断型市场结构下,天然气产业链各环节的主体及其所扮演的角色一般表现为两种方式:

一是产运储销一体化模式,即天然气勘探、生产、输送、销售为同一企业,由该企业为城市燃气或工业用户直接供气,一般情况下基准价格由政府管制。

二是产输销分离模式,生产商负责上游天然气勘探生产,在大多数情况下生产商也负责加工和处理所生产的天然气,使其达到管道气的质量标准,在上游天然气交割点,生产商以出厂价格将生产的天然气商品出售给管道公司。

管道公司把从上游生产商手中购进的天然气通过高压长输管道送至下游市场的城市门站或工厂门站,再以门站价格将天然气商品出售给地方配送气公司和(或)大工业用户,在这里管道公司向用户提供的是一种包括输气和销售的捆绑式服务,门站价格包含了购气成本和管道运输服务成本的捆绑式价格。

地方配送气公司将从城市门站购进的天然气通过其城市配送气管网输送至它所服务的终端用户,并向用户收取天然气终端用户价,它包括城市门站价和城市配送气服务成本。

(二)竞争型市场

随着天然气工业在国民经济和一次能源结构中的地位逐渐提高,天然气基础设施得到了较快的发展,跨地区长输管道互联成网,天然气消费量迅速增长,市场参与者增加,引入竞争机制的条件成熟。在政府的推动下,便诞生了以"第三方准入"为标志的低竞争型市场结构。

综合分析认为竞争型市场的主要特征是管道公司开放管道运输系

统,也就打破了输气公司垄断购气、输气和售气的捆绑式服务。天然气用户,如工业大用户、发电厂和地方配送公司,可直接与供气方商洽谈包括价格在内的购气合同,再用管道公司的管道输气,支付管道费。管道公司只从事管输承运服务并不能对托运方有任何歧视。这样就出现了天然气供方之间以及管道公司之间争夺用户的竞争,称之为"气与气"及"管道与管道"的竞争。

### 三、天然气市场营销概述

#### (一)天然气市场营销的内涵

天然气市场营销主要是指将天然气产品和市场有效结合在一起,增强天然气企业发展的市场竞争意识,从而不断提升天然气市场营销的总体水平和质量。

#### (二)天然气市场营销的特点

第一,公益性。天然气是一种重要的清洁能源,具有社会公益性的特点,在使用的时候不仅能够满足人们的日常生活需要,而且还能够降低人们的生活成本,提高人们的生活品质。

第二,系统性。天然气销售是一个系统化的过程,想要获得良好的销售成效需要得到先进技术和资金的支持。为此,天然气销售的时候需要进行系统化管理,特别是要加强对天然气管道的建设。

第三,区域性。天然气销售是在一定范围内进行的。现阶段,天然气的销售和服务范围往往仅仅在管道建设和覆盖的范围内进行。

### 四、传统的天然气市场营销策略

传统的天然气营销策略主要采用产品策略,即单纯地"卖气"。这种策略过于关注产品和技术本身,而忽略了用户真正的需要,最终的结果可能会导致企业失去市场。因为产品只是解决用户问题的一种

"媒介"，换言之，只是解决用户问题的一种"方案"。一旦有能够更高效率、更低成本地解决问题的方案出现，现有的产品就会逐渐退出市场，甚至完全被淘汰。对天然气用户而言，用户需要的可能并不仅仅是天然气这种产品，更可能是一套能够解决其能源需求问题的"解决方案"，从逻辑上说，任何能源问题解决方案，只要它具有更高的效率或更低的成本，就一定会对单纯的"卖天然气"的销售策略产生冲击，这种方案越是有效，则冲击就会来得越快、越猛烈。

## 第三节 国内外典型营销策略案例分析

由天然气产品的内涵可知，天然气是一种特殊的商品，它的销售有其独特的方式，要想赢得天然气的消费市场，这就要求不能像销售其他商品一样在外观、功能等方面耗费苦心，而要将重点放在如何提高天然气的服务质量，降低天然气的开采成本，怎么样去完善售后服务，将经营和销售合为一体，以此来提高天然气的核心竞争力。因此，有必要把国内天然气销售公司的天然气营销策略作为重要研究内容，通过了解国内销售公司天然气营销策略发展情况，以及国内相关能源行业现有营销策略分析，助力天然气营销事业的发展。

从国内外天然气营销研究看，国内居多，国外偏少，与国外成熟的天然气市场化环境相比，国内天然气市场化改革正处于加速进程中，研究主要集中于依托现有的天然气产业链与营销面临的体制机制与政策环境，开展营销，其经验的总结还有诸多不完善之处。周章程等(2006)结合天然气上中下游特点及天然气销售公司与下游用户的关系程度等因素，探索出一套天然气关系营销策略，实现了灵活地对用气高峰和用气低谷时期商业供气用户的优化组合。周斓等(2020)提出了市场化改革背景下天然气批发环节客户评价体系及精准营销策略。后鑫（2020）提出来了后管网时代的天然气营销策略。张建平等（2021）认为信息化、智能化与碳中和背景下，新营销格局中传统营销手段将逐渐乏力，通过生态链方式大力培育市场的营销方式将逐渐成为主流。杨义等（2021）从供应新变化、需求新面貌、主体新特征三方面分析东部区域天然气市场的新特征，运用波士顿矩阵分析法、STP分析法和"4P"营销理论提出了东部区域六省市天然气市场战略定位、发展趋势、营销策略。焦健（2021）针对天然气销售企业在定价等方面存在的问题，从合理定价，营销队伍建设，提升服务质量等方面提出了营销策略。

综合上述国内典型研究成果，剖析国内天然气企业在天然气营销策略的做法，借鉴国际石油公司在这方面的先进经验，从而提出改善企业天然气营销状况的建议，能够弥补现有研究的不足，指导中国企业更有效开展天然气营销工作。

## 一、国内天然气行业营销策略案例分析

### 乌海凯洁燃气有限责任公司车用天然气市场营销策略分析

1. 乌海凯洁燃气有限责任公司简介

乌海凯洁燃气有限责任公司（简称"凯洁公司"）成立于2007年，是内蒙古西部天然气股份有限公司在乌海地区设立的全资国有子公司，是乌海市政府授权的城市燃气特许经营企业。公司的上游气源来自西部天然气公司投资建设的长庆气田至巴彦淖尔市输气管道，主要经营管道天然气、CNG、LNG以及相关工程的建设与运营，公司经营的天然气主要应用于民用、车用、商业、工业等领域，供气范围覆盖乌海市三区及周边阿拉善盟乌斯太地区、鄂尔多斯棋盘井及蒙西地区。

凯洁公司坚持以市场为导向的基本方针，以高压天然气管网为经

营核心，以工业项目的专线建设来扩大输气量，培育利润增长点，以城镇中低压管网建设来构建市场网络，以加压站建设来优化服务，以CNG加气站、LNG加气站项目建设为切入点，不断扩大利润增长点，从而形成多种盈利渠道，延伸天然气开发利用产业链条并做大做活，使乌海及周边地区天然气应用在各个方面逐步实现网络化。

2. 乌海凯洁公司车用天然气营销策略

（1）产品质量。

乌海凯洁公司的气源来自中国石油天然气股份有限公司长庆油田公司苏里格气田，通过上游集团公司所属的长庆气田—乌海—临河输气管道输配至乌海地区，而车用天然气的所需的CNG和LNG则完全由凯洁公司的自有工厂通过对天然气进一步深加工进行供应，与富兴公司、中燃公司等需要靠对外采购气源的公司相比，凯洁公司的自有气源和自有工厂不仅具有车用天然气气源自我供应的充足保障，而且使车用天然气在压力、温度、连续稳定供应等方面的产品质量得到保证。

（2）加气站点网络化。

乌海凯洁公司目前已建成各类规模的加气站12座，覆盖了乌海全境及阿拉善、鄂尔多斯、巴彦淖尔等周边地区，不仅形成了自成体系的网络化经营格局，而且与上游集团公司下属的各子公司所属加气站在内蒙古自治区范围内遥相呼应，不论短途车辆还是长途车辆均可实现在行进道路上就近加气和消费，与三聚家景公司、绿能公司等只拥有单个加气站点的公司相比，凯洁公司在车用天然气业务上拥有较强的网络化和规模化优势。

（3）地缘优势。

乌海凯洁公司作为专业经营天然气业务的国有企业，自2005年开始在乌海地区开展业务，是最早进入乌海地区车用天然气市场的企业，凭借较强的地缘优势和十余年的深耕经营，目前在小型车用天然气市场已拥有90%的市场占有率，而在货运汽车、长途客车等大型车辆的车用天然气市场占有率在45%以上，相比绿能、中燃、富兴等后期进入车用天然气市场的公司而言，凯洁公司保持着较高的市场占有率。

3. 乌海凯洁公司车用天然气营销策略分析

（1）营销力量明显不足。

公司虽然设有市场开发部，但该部门的日常工作基本停留在销售报表填报等文字性的工作上，在车用天然气业务的拓展方面鲜有建树，究其原因，一方面受国有企业背景的影响，从内心深处不希望直接面对客户主动营销，更希望客户自己上门求购，另一方面市场人员年龄偏大，学历普遍是大专或中专毕业，思维僵化，难以学习并接受现代营销理论，目前的车用天然气业务由加气站各自为战，在统一价格的前提下自行制定销售政策，难以形成销售方面的合力优势。

（2）销售价格地区差异。

中国目前的天然气价格实行政府定价，由国家发展改革委下发价格文件，地方发展改革委可以根据本地具体情况在国家允许的价格范围内进行适当浮动，由此带来的问题有两方面，一是政府对天然气定价的不稳定，根据近几年的情况来看几乎一年一价，而调整价格的原因各有不同，受到属地管辖和本市具体情况的限制，各地价格相差较大，与乌海相邻的鄂尔多斯市、阿拉善盟、巴彦淖尔市，每立方米天然气价格相差最小的有0.01元，最大的有0.67元，这就造成了价格相对较高地区天然气企业的经营困境；二是天然气定价与汽柴油定价不联动，汽柴油价格一年多次调整，而天然气价格则基本稳定，当汽柴油价格下调到与天然气大致接近的水平时，普通民众就会选择放弃天然气而改用汽柴油作为汽车燃料，出现了相当程度的石油逆替代，对车用天然气行业造成较大冲击。

(3)竞争分析。

凯洁公司作为一个地方性国有企业,在经营过程中时常受到例如昆仑能源、中国燃气、中华煤气等国内外大型能源公司的挑战,他们凭借强大的品牌优势和资本优势在各地攻城略地,地方企业虽有自身的地缘优势,但也难逃能源大鳄对本地市场的蚕食,使得公司的车用天然气业务市场份额一再萎缩,经营业绩一再下滑,对公司整体经营效果造成很大的负面影响,而在乌海及周边地区已有多家存在同业竞争关系的燃气企业对凯洁公司形成了现实的威胁。

## 二、国外天然气行业营销策略案例分析

目前围绕中国天然气营销的研究多集中于天然气市场开发、定价改革以及管道建设方面,如李宏勋等阐述了政府支持、法律法规等因素在市场开发过程中所发挥的作用;聂光华、吴晓明等针对天然气价改展开研究;管道建设方面的研究则集中在管道技术、管道事故分析等几个方面。以上研究忽略了企业在天然气营销中发挥的作用。此外,研究多数以特定地区为研究对象,如以四川盆地为例、以石家庄市为例的营销策略等,导致提出的对策和建议缺乏普遍性。同时,目前的研究主要立足于中国国情,对国际石油公司天然气营销的经验缺乏概括和总结。因此,总结和借鉴国际石油公司在这方面的先进经验,从而提出改善企业天然气营销状况的建议,能够弥补现有研究的不足,指导中国石油企业开展天然气营销工作。

(一)埃克森美孚公司天然气市场营销策略分析

1. 埃克森美孚公司简介

埃克森美孚公司是世界最大的非政府石油天然气生产商,总部设在美国得克萨斯州爱文市。在全球拥有生产设施和销售产品,在六大洲从事石油天然气勘探业务;在能源和石化领域的诸多方面位居行业

领先地位。

埃克森美孚见证了世界石油天然气行业的发展，其历史可以追溯到约翰·洛克菲勒于1882年创建的标准石油公司，至今已经跨越了125年的历程。埃克森美孚通过其关联公司在全球拥有8万多名员工，其严谨的投资方针以及致力于开发和运用行业领先技术及追求完善的运营管理，使之在全球位居行业领先地位。公司连续85年以上获得3A信用等级，是世界上保持这一纪录为数不多的公司之一。

2. 埃克森美孚公司营销策略分析

（1）产品策略。

埃克森美孚公司强调天然气产品对大气环境影响小、安全能源的特点；该公司的天然气开采高尖技术极大保障产品供应。例如，埃克森美孚石油公司掌握的水力压裂技术。2013年冬天，美国在极地漩涡的低温影响下，天然气需求剧增，但天然气产能仍满足当地需求，天然气水力压裂技术在其中做出了巨大贡献。

（2）价格策略。

差别定价策略是国际石油公司普遍采用的天然气定价方法；折扣定价策略是国际石油公司针对特殊用户制定的价格策略。如学校等用户有缓解冬季燃气高峰压力的作用，燃气空调有填补夏季燃气低谷的益处，这些用户对天然气供应具有调峰作用。针对这些用户，国际石油公司会采取折扣定价的营销策略。

（3）渠道策略。

埃克森美孚形成了管道经营权与运输权相互独立的运营模式，通过持有管输公司的股权，直接或间接地影响管道公司的运营，可以享受优惠的运输费用，减少渠道建设成本，即以管道建设为切入点，降低成本从而降低售价，获得地方燃气公司等分销商及大型用户的青睐。

（4）促销策略。

国际石油公司均采用塑造企业形象的广告策略。虽然各大石油公司的广告表现形式不同、内容各异，但广告的主题相似。未对天然气产品本身进行过多表现，更多的是对公司形象、发展方向的体现，或者更加关注公司可以为社会、公众带来的服务等。这种广告设计理念，往往比单独宣传一种产品更具有意义。

（5）其他营销策略。

埃克森美孚积极开发国外天然气市场，例如，自20世纪70年代后期开始在中国从事勘探业务，并将不断寻求中国陆上和海上新的高质量的勘探机会。埃克森美孚积极寻求在中国的管道天然气和LNG方面的业务机会。

3. 埃克森美孚公司营销策略总结

埃克森美孚公司凭借其高超的天然气勘探、开采、开发提取及运输技术，奠定了其成为天然气巨头公司的基础；通过差别定价策略和折扣定价策略大面积占领天然气客户市场；其庞大的管道渠道构造减少其产品成本的同时，极大巩固了其巨头地位；通过广告策略营造良好公司形象，又为其争取到了一大批新客户；最后，其他营销策略的使用，不但吸引到了国际客户开辟了国际市场，而且提升了它的国际市场综合实力，是其天然气项目发展壮大的关键一招。

（二）荷兰皇家壳牌集团天然气市场营销策略分析

1. 荷兰皇家壳牌集团简介

荷兰皇家壳牌集团，是目前世界第一大石油公司，总部位于荷兰海牙和英国伦敦，由荷兰皇家石油与英国的壳牌两家公司合并组成。

该公司是国际上主要的石油、天然气和石油化工的生产商，同时也是汽车燃油和润滑油零售商。它亦为LNG行业的先驱，并在融资、管理和经营方面拥有相当丰富的经验。业务遍及全球140个国家，雇员近9万人，油、气产量分别占世界总产量的3%和3.5%。

2. 荷兰皇家壳牌集团营销策略分析

（1）产品策略。

荷兰壳牌集团一般通过与当地政府或其他石油公司合资的方式进行天然气项目运营，壳牌天然气公司每年销售800多亿立方米天然气，并在20多个国家有天然气权益。壳牌在三个世界主要LNG工厂（文莱、马来西亚和澳大利亚）与一些正在建设中的LNG工厂（尼日利亚和阿曼）有权益，并在欧洲、美国和其他地区的主要天然气管输公司有权益。

（2）价格策略。

公司采用先进技术，改进设备，减少生产人员的生命危险，还降低了钻井费用，进而降低产品成本。同时，由于天然气勘探、开发、提取以及运输技术的不断提高，天然气产品质量也始终保持在较高水平。

（3）渠道策略。

世界上某些主要天然气市场大量依靠进口天然气，供应方式或采用LNG或通过长距离管道运输。壳牌通过持有管输公司的股权，直接或间接地影响管道公司的运营，可以享受优惠的运输费用，减少渠道建设成本，即以管道建设为切入点，降低成本从而降低售价，获得地方燃气公司等分销商及大型用户的青睐。

（4）促销策略。

壳牌公司"百年壳牌，净擎享受"活动，在唤起公众环保意识的同时，也得到更多客户的认可。

壳牌集团是世界主要的天然气生产和经销商。年销售天然气超过650亿立方米，仅次于世界最大的天然气生产国和出口国——俄罗斯。

（5）其他营销策略。

壳牌石油公司在展开全美液态天然气运输战略时，选择与美国运输中心合作，合作期间，壳牌不仅建立加气站为其公司的重型载重货车提供LNG燃料，还建设了200条覆盖全美高速公路的天然气管道设备。

3. 荷兰皇家壳牌集团营销策略总结

荷兰皇家壳牌集团在保证天然气产品产量的同时，也凭借其高超的技术和顶尖的人才队伍保障了天然气产品的高质量；它还随时以市场为导向，关注市场供求状况，以求占领国内国际市场份额；该公司还注重基础设施的建设，建立健全天然气管道体系，极大降低其运输费用；最后，壳牌集团还注重促销策略的使用，以公关策略维护其品牌形象，以广告策略树立其社会形象。

# 第二章　天然气市场影响因素

天然气市场需求影响因素众多。从宏观层面看，包括经济周期、宏观政策的变动；从中观层面看，与天然气产业链发展密切相关，包括天然气供应与输送，下游市场的培育与发展，天然气行业供应商、政府、用户、服务机构等相关各大主体的相互作用；从微观层面看，与城市燃气、工业燃料等利用特点有关，还与同业竞争及替代能源密切相关。本章系统梳理了天然气市场需求与各大影响因素的相互关系，为进一步建立天然气市场需求预测模型提供理论支撑。

## 第一节　经济周期

经济周期也称商业周期、景气循环，是指国民收入或总体经济活动扩张与紧缩的交替或周期性上下波动变化，是技术进步、管理创新、政府决策等经济体系外部因素和货币供应量及流通、投资、对未来的预期、消费等经济体系内部因素相互作用，引起总供给和总需求之间相对均衡—失衡—相对均衡的反复过程。国民经济生产总值的年度变化是反映经济状况的重要指标。若该指标连续两年出现上升或下降，则可以视为经济上行周期、经济下行周期。在经济上行周期，投资和生产活跃，对能源等各类生产要素的需求也显著上升，能源消费增速处于较高水平；在经济下行周期，生产、消费均处于收缩阶段，对能源等生产要素的消耗也明显下降，能源消费增速随之下降甚至出现负增长，整体处于较低水平。

以GDP（国内生产总值）为经济周期量化变量，观察天然气消费量与经济周期的关系，不难看出，二者存在密切正相关关系。改革开放后，中国国民经济长期稳定发展，但有明显的波动变化。通过观察天然气消费量和中国GDP增速变化的关系可以发现，在GDP增速连续上行的2002—2007年的5年间，中国天然气消费年增速平均达到16.7%，而在GDP增速连续下行的2012—2016年的5年间，中国天然气消费年增速平均仅为8.9%。中国天然气消费增速同经济周期波动存在同向性（表2-1，表2-2）。这一特点表明，天然气消费存在周期性。

表2-1 经济上行周期与天然气消费增速

| 年份 | GDP增速 | 天然气消费量 | 天然气消费增速 |
|---|---|---|---|
| 2002 | 9.1% | 3886.44 | 4.9% |
| 2003 | 10.0% | 4542.456 | 16.9% |
| 2004 | 10.1% | 5297.712 | 16.6% |
| 2005 | 11.4% | 6270.875 | 18.4% |
| 2006 | 12.7% | 7703.752 | 22.8% |
| 2007 | 14.2% | 9277.401 | 20.4% |

表2-2 经济下行周期与天然气消费增速

| 年份 | GDP增速 | 天然气消费量 | 天然气消费增速 |
|---|---|---|---|
| 2012 | 7.9% | 19457.265 | 9.5% |
| 2013 | 7.8% | 22108.464 | 13.6% |
| 2014 | 7.3% | 24017.94 | 8.6% |
| 2015 | 6.9% | 24934.168 | 3.8% |
| 2016 | 6.7% | 27144.648 | 8.9% |

## 第二节　宏观政策

### 一、能源政策

能源政策是指国家围绕能源生产、供应、消费所制定的一系列方针和策略，涉及能源供应和消费结构调整，能源定价机制，能源供应安全，能源行业发展规划、调控，能源生产、运输、销售、市场化交易、消费、利用等各环节的监管等。党的十八大以来，中国能源政策向低碳化、清洁化、集约化、高效化、现代化持续转变，天然气在中国能源体系中的地位不断强化，消费量快速攀升，成为中国能源体系中的主体能源之一。

"十三五"以来，国家持续出台重要能源发展战略，对天然气消费的带动产生了极其深远的影响。2016年年底，国家提出"四个革命与一个合作"战略。"四个革命"是指推动能源消费革命，抑制不合理能源消费；推动能源供给革命，建立多元供应体系；推动能源技术革命，带动产业升级；推动能源体制革命，打通能源发展快车道。"一个合作"是指全方位加强国际合作，实现开放条件下能源安全。2020年9月22日，中国向全世界庄严承诺，力争于2030年前实现二氧化碳排放达峰，2060年前实现碳中和。2021年3月，《中华人民共和国国民经济和社会发展第十四个五年规划和2035年远景目标纲要》发布，提出要继续推动能源革命，建设清洁低碳、安全高效的现代能源体系。非化石能源在能源消费总量中的比重将提高至20%左右。在推动实现"双碳"目标、构建现代能源体系的进程中，天然气作为碳达峰前的过渡能源的重要性不可或缺，但天然气的发展空间将受到压缩，发展路径、应用场景也将发生相应变化，天然气发电与风光水电的协同式发展、天然气与氢能的竞合式发展将加速推进。综合国内外多家权威机构的中长期能源展望数据,"碳中和"背景下,中国天然气消费将呈现快增长、早达峰、高点低、平台缩小、更早更快下坡的新特点,在2040年左右达峰,峰值高点约6000亿立方米,在一次能源中的占比低于15%。"碳达峰"后,电气化、CCS(碳捕获与封存)等各种因素叠加会影响天然气的终端渗透率,尤其是碳定价的影响将越来越大。因此,中国天然气发展需要紧跟国家能源战略,未雨绸缪,创造条件以争取更多发展空间。

## 二、天然气产业政策

天然气相关的产业政策是影响天然气需求的重要影响因素。自2004年年底,以西气东输一线全线正式商业运营为标志,中国天然气产业链进入快速发展阶段,以市场化为主要改革方向。在此期间,各方关于理顺管网运营等油气体制机制改革的讨论和尝试从未间断[①]。2012年,党的十八大报告提出推动能源生产和消费革命;2016年,中国天然气"十三五"规划提出,逐步把天然气培育成主体能源。2017年,中共中央、国务院印发《关于深化石油天然气体制改革的若干意见》,涉及天然气上、中、下游进一步放开、油气储备体系完善等重点改革任务,引领了后续的天然气利用、价格新政出台,拉开了以油气管网独立运行、加快上下游向非国有主体开放为主线的产业格局重塑大幕(图2-1)。

---

① 包括天然气价格形成机制的探索改革、天然气管道运输定价成本监审、天然气运输设施公平开放等。

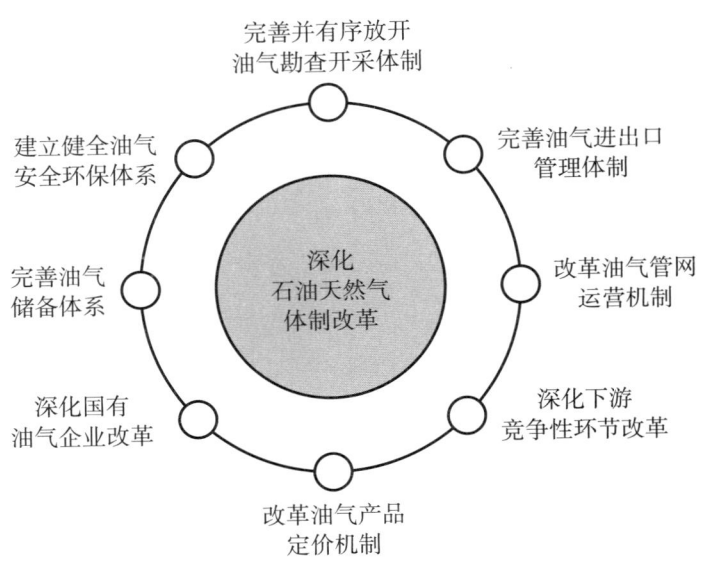

图 2-1 《关于深化石油天然气体制改革的若干意见》重点改革任务

## （一）加快储气设施建设，推动储气服务市场化

2018 年 4 月，国家发展改革委印发《关于加快储气设施建设和完善储气调峰辅助服务市场机制的意见》，加快补齐储气能力建设短板，建设责任明确、各方参与、成本共担、机制顺畅、灵活高效的储气调峰体系。《关于加快储气设施建设和完善储气调峰辅助服务市场机制的意见》为政府、供气企业、管道企业、城镇燃气企业和大用户分配了相应的储气调峰责任、义务，并具体分解到储气能力指标。文件还首次提出了构建储气调峰辅助服务市场，以储气服务和调峰气量市场化定价、允许储气调峰成本合理疏导等为储气调峰设施的投资回收提供解决方案。

从 2018 年至今各方的执行程度看，中国储气调峰能力建设的进度距离国家发展改革委的要求仍然存在明显差距。相关报道显示，各主体的建设进度在 10%～50% 不等。以重庆市为例，根据该市公布的数据，目前该市累计形成的城镇燃气企业储气能力约为 650 万立方米，距离3.15亿立方米的储气能力考核目标相去甚远[①]。破解储气调峰能力建设进度滞后、发展后劲不足、投资积极性不高的关键还是在于切实建立储气调峰服务定价的市场化机制，推动储气调峰设施独立运作。目前已有河南、湖北等地正在探索天然气储气设施"两部制"定价模式，燃气企业或地方政府委托储气库进行代储时，须缴纳固定的储气费用；燃气企业或地方政府使用储存的天然气时，还须按使用量向储气库缴纳计量气价。两部制收费有利于加速储气库回收成本，降低用户违约风险，但需要通过实践进行修正和完善。

（二）推动油气基础设施公平开放，促进天然气输销分离

2014年2月，国家能源局公布《油气管网设施公平开放监管办法（试行）》，油气管网从此进入第三方准入时代。2017年5月，国务院印发《关于深化石油天然气体制改革的若干意见》中提出了关于"管网独立，管输和销售分开"的指导意见；同年8月，国家发展改革委发文鼓励和支持各类资本参与投资建设纳入统一规划的油气管网设施。2019年年初，国家发展改革委提出组建国家管网公司，推动油气干线管道独立，实现管输和销售分开[②]；3月19日，政治局会议正式决定成立国家管网公司；5月24日，国家发展改革委等印发新版《油气管网设施公平开放监管办法》，用于提高油气管网设施利用效率，规范油气管网设施开放行为，维护油气管网设施运营企业和用户的合法权益，建立公平、公正、竞争、有序的市场秩序。

---

① 根据重庆市经济和信息化委员会的预计，全市2020年的天然气消费量约为130亿立方米，其中，城镇燃气企业约供应63亿立方米，按照国家发展改革委要求的标准计算，对应的储气能力应为3.15亿立方米。
② 国家发展改革委在两会作《关于2018年国民经济和社会发展计划执行情况与2019年国民经济和社会发展计划草案的报告》中提出。

2019年12月9日，国家石油天然气管网集团有限公司（简称国家管网公司）挂牌成立，负责全国油气干线管道、部分储气调峰设施的投资建设；负责干线管道互联互通及与社会管道联通，形成"全国一张网"；负责原油、成品油、天然气的管道输送，并统一负责全国油气干线管网运行调度，定期向社会公开剩余管输和储存能力，实现基础设施向所有符合条件的用户公平开放等。2020年7月23日，中国石油、中国石化发布公告，明确划转至国家管网公司的油气资产范围，资产交接于9月30日完成。2020年9月30日，国家管网公司正式运营（图2-2）。

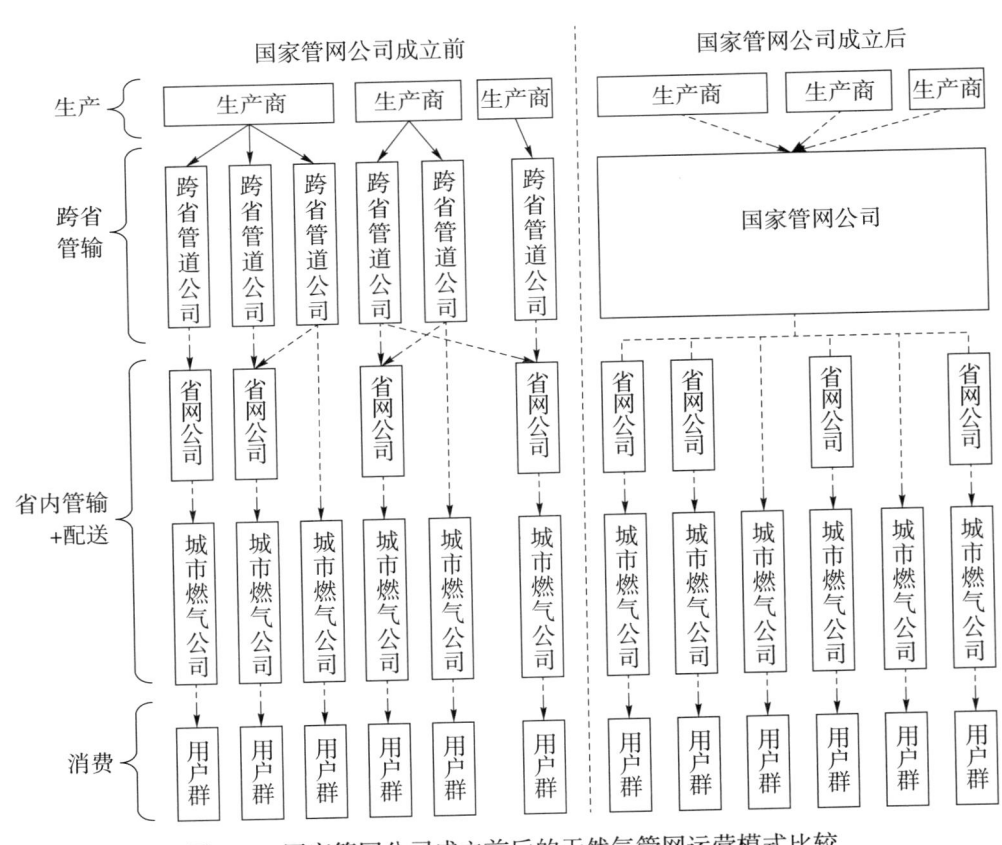

图2-2 国家管网公司成立前后的天然气管网运营模式比较

国家管网公司的独立运行，将深刻重塑中国天然气市场结构，引起包括用户议价能力增强带来的供用双方博弈程度加深、上下游企业相互渗透加强带来的产业链重构、天然气管道及储存设施定价方式变化、天然气就近销售成为趋势、鄂湘赣豫等地区可能成为天然气价格高低等新变化，并催生管容交易、储气调峰服务市场化交易等新的交易方式，推动天然气线上交易规模增加、交易品种进一步丰富。

（三）天然气利用政策

为了优化能源结构，发展低碳经济，促进节能减排，提高人民生活质量，统筹国内外两种资源、两个市场，提高天然气在一次能源消费结构中的比重，优化天然气消费结构，提高利用效率，促进节约使用，中国于2007年首次发布天然气利用政策，鼓励、引导和规范天然气下游利用领域。2017年，为进一步推动天然气利用，提高天然气在中国一次能源消费结构中的比重，稳步推进能源消费革命和农村生活方式革命，有效治理大气污染，积极应对气候变化，国家发展改革委印发《加快推进天然气利用的意见》（简称《意见》）。《意见》提出逐步将天然气培育成为中国现代清洁能源体系的主体能源之一，到2020年，天然气在一次能源消费结构中的占比力争达到10%左右，地下储气库形成有效工作气量148亿立方米。到2030年，力争将天然气在一次能源消费中的占比提高到15%左右，地下储气库形成有效工作气量350亿立方米以上。《意见》明确了四大任务，即实施城镇燃气工程、实施天然气发电工程、实施工业燃料升级工程、实施交通燃料升级工程。这一阶段，天然气作为清洁燃料对大气污染防治的积极作用得到高度重视，空气污染治理被列入环保督察的重中之重，全国各地开始大规模推动以天然气替代燃煤锅炉、窑炉的"煤改气"工作，直接推动了中国2017年、2018年的天然气消费再度出现两位数增幅。天然气利用政策对中国天然气消费结构起到了直接的塑造和优化引导作用。

对天然气利用政策的调整趋势进行分析判断，有利于及时发现新的天然气消费增长点。

1. 城市燃气

城市燃气作为天然气利用的重点和主体方向之一，长期以来在几版《天然气利用政策》里均划归为优先发展类。总体来看，政策要点体现为：引导城镇居民燃气供应水平快速提高；引导天然气替代燃煤采暖，同时强调有序推进；加快推进天然气置换城镇煤气工程；鼓励燃气下乡，提高农村气化水平。

2. 工业燃料

天然气作为工业燃料在玻璃、陶瓷、机电、轻纺、冶金等领域中发挥了较大作用。在 2012 年版的《天然气利用政策》中将"工业燃料"从之前的"允许类"调整到了"优先类"发展。

2017 年，中国在《加快推进天然气利用的意见》中提出实施工业燃气升级工程，包括在划定的"高污染燃料禁燃区"内，重点开展 20 蒸吨及以下工业锅炉、窑炉的天然气替代；鼓励玻璃、陶瓷、建材、机电、轻纺等重点工业领域天然气替代和利用；在工业热负荷相对集中的开发区、工业聚集区、产业园区等，鼓励新建和改建天然气集中供热设施；落实环保"党政同责""一岗双责"，将民用和工业燃料"煤改气"等纳入考核内容。

3. 化工化肥

总体来看，只有在中国天然气利用初期，把天然气用于制造炭黑、化学药品和液化石油气（LPG）等化工产品时没有相关法规和文件限制其发展。当天然气越来越广泛地被广大民众认可，利用领域不断扩大之后，将天然气作为原料用在生产化工化肥产品就逐步被规制起来。从两版《天然气利用政策》来看，一直把天然气化工化肥列在"限制类"，甚至"禁止类"中，特别是新建或扩建天然气制甲醇项目或以天然气代煤制甲醇项目一直处于"禁止类"中。

政策的限制直接抑制了天然气化工产能的进一步扩张，以天然气制甲醇为例：中国气头甲醇项目主要集中在西北、西南两个地区，2020年，西北区域的气头甲醇产能仅为572万吨，在该区域甲醇总产能中的占比不足12%；西南区域的气头甲醇产能仅为297万吨，约占区域总产能的49.3%。不仅如此，中国的气制甲醇产能在甲醇总产能中的比重仅为约10%，占比远低于59%的国际水平[①]。从未来发展形势来看，虽然在2017年7月4日国家发展改革委发布的《关于印发〈加快推进天然气利用的意见〉的通知》（发改能源〔2017〕1217号）中指出"逐步将天然气培育成现代清洁能源体系主体能源之一"，但要在化工化肥领域大力推进天然气利用的可能性不大。

4. 发电与分布式能源

（1）鼓励发展天然气调峰电站。

中国出台的相关政策主要是鼓励在用电负荷中心新建以及利用现有燃煤电厂已有土地、已有厂房、输电线路等设施建设天然气调峰电站，提升负荷中心电力安全保障水平；其次，鼓励风电、光伏等发电端配套建设燃气调峰电站，开展可再生能源与天然气结合的多能互补项目示范，提升电源输出稳定性，降低弃风弃光率。通过政策执行，国家将划定并逐步扩大高污染燃料禁燃区，在城市的用电负荷中心建天然气调峰发电，或替代燃煤电厂是必然趋势。

（2）支持大力发展天然气分布式能源。

从《天然气利用政策》变化来看，在2007版中无分布式能源的描述，而在2012版中将分布式能源列为优先发展类。同时，关于分布式能源发展方面国家相关部委在"十二五""十三五"期间发布了一系列

---

① 数据来自《中国石化市场预警报告（2020）》。

政策文件（表 2-3）。从 2015 年下半年开始，以重新启动的电力体制改革和天然气价格下调 0.7 元 / 立方米为标志，全国上下大力推动天然气分布式能源快速发展。这些政策从不同层面在以下方面支持分布式能源的发展：在大中城市具有冷热电需求的能源负荷中心、产业和物流园区、旅游服务区、商业中心、交通枢纽、医院、学校等推广天然气分布式能源示范项目；探索"互联网+"、能源智能微网等新模式，实现多能协同供应和能源综合梯级利用；在管网未覆盖区域开展以 LNG 为气源的分布式能源应用试点。

表 2-3　国家部委关于发展分布式能源项目发布的系列政策

| 序号 | 发布时间 | 发布单位 | 政策名称 |
| --- | --- | --- | --- |
| 1 | 2011 年 10 月 | 国家发展改革委、财政部、住建部、能源局 | 《关于发展天然气分布式能源的指导意见》 |
| 2 | 2012 年 7 月 | 国家发展改革委 | 首批国家天然气分布式能源示范项目名单 |
| 3 | 2013 年 7 月 | 国家发展改革委 | 《分布式能源暂行管理办法》 |
| 4 | 2013 年 11 月 | 国家电网 | 《关于印发分布式电源并网相关意见和规范（修订版）》 |
| 5 | 2014 年 11 月 | 国家发展改革委、能源局、住建部 | 《天然气分布式能源示范项目实施细则》 |
| 6 | 2015 年 1 月 | 国家发展改革委 | 《关于规范天然气发电上网电价管理有关问题的通知》 |
| 7 | 2015 年 4 月 | 中共中央、国务院 | 《关于进一步深化电力体制改革的若干意见》 |
| 8 | 2015 年 4 月 | 国务院 | 《关于加快推进生态文明建设的意见》 |
| 9 | 2016 年 3 月 | 国家发展改革委 | 《热电联产管理办法》 |

（3）四川省推动天然气分布式能源项目的相关政策。

2017 年 6 月 20 日，四川下发《加强天然气分布式能源项目管理的指导意见》（简称《指导意见》），提出着力推进楼宇式天然气分布式能源项目建设，有序推进区域式天然气分布式能源项目建设，并进一步明确了项目建设、项目管理相关要求。《指导意见》从规模确定、技术指标、能源供应、系统配置、网源协调及电网接入等多方面对分布式能源的发展提供政策依据（表2-4）。

表2-4 《加强天然气分布式能源项目管理的指导意见》政策要点

| 序号 | 主要方面 | 具体内容 |
| --- | --- | --- |
| 1 | 规模确定 | 项目开发企业应严格调查核实用户现状负荷，科学合理预测近期和远期负荷 |
| | | "十三五"期间，区域式天然气分布式能源项目不应以远期负荷作为项目建设规模、机组选型的依据 |
| 2 | 技术指标 | 年综合能源利用效率应高于75%；年均热电比不低于70%；节能率不低于15% |
| | | 楼宇式天然气分布式能源原动机单机容量不应大于10兆瓦 |
| | | 区域式天然气分布式能源原动机单机容量不应大于50兆瓦，且装机总容量原则上不超过上一级变压器供电区域内最大负荷的25% |
| 3 | 能源供应 | 楼宇式和区域式天然气分布式能源项目生产的冷、热、电能源应就地、就近（园区内）利用为主，多余电量上网 |
| | | 就地、就近供应的冷、热、电由项目业主与用户自行协商供应的规模和价格 |
| | | 余电上网通过市场化方式形成上网电量及电价 |
| 4 | 系统配置 | "十三五"期间，天然气分布式能源项目系统配置应首选燃气单循环机组 |
| | | 根据热（冷）电负荷实际需求，经论证可采用燃气—蒸汽联合循环汽轮发电机组 |
| | | 单台燃气轮机项目，只能配置背压式汽轮发电机组 |
| | | 多台燃气轮机项目，只能配置一台抽凝式汽轮发电机组以适应热（冷）负荷调峰 |
| | | 所选取的抽凝式汽轮发电机组只能按照单台燃气轮机余热炉能量60%以下进行配置 |
| 5 | 网源协调 | 天然气分布式能源项目开工前应落实天然气供应，在条件允许时鼓励采用门站专用天然气管线输送 |
| | | 区域式天然气分布式能源项目就近供应的电能，应通过区域内配电网向用户供电 |
| | | 项目业主及其资本不得参与投资建设能源站向用户直接供电的专用线路，以及配电网络相连的专用线路 |
| 6 | 电网接入 | 电网企业应保障天然气分布式能源项目发电公平无歧视接入电网 |

《指导意见》规定天然气分布式能源项目业主及其资本不得参与投资建设能源站向用户直接供电的专用线路，也不得参与配电网络相连的专用线路，造成项目经济效益较差，严重影响了投资积极性，制约了天然气分布式能源项目在川的大规模发展。

2021年1月20日，四川省发展改革委、能源局下发《关于做好天然气分布式能源发展有关事项的通知》[川发改能源〔2021〕(17号)]（以下简称《通知》），放松项目建设与余电上网限制，提升项目经济效益，推进其健康发展。

与《指导意见》比较，《通知》对分楼宇式、区域式两类项目在建设经营方面做出重大政策调整、对天然气分布式发电开展市场化交易、减少上网瓶颈、降低交易成本具有显著的推动作用。一是放松楼宇式分布式能源项目电力接入。《通知》第二条明确楼宇式分布式能源项目业主和资本可参与投资建设能源站与用户终端的接入线路，界定为用户侧并网接入系统，电网企业不得对自发自用电量收取"过网费"。二是区域式分布式能源电力自发自用可免"过网费"。《通知》第三条扩大了区域分布式项目自主经营权力。其在能源站规划红线区域内的用户界定为自发自用，向所在园区规划区域内的用户为就近供应，其他为余电上网。电网企业不得对自发自用电量收取"过网费"，对就近供应的电量由业主单位与用户自行协商供应的规模和价格，电网企业收取合理的"过网费"。

5. 天然气价格政策

中国现行的天然气价格体系分为政府指导定价和市场化定价两类定价机制，总体呈现天然气价格市场化改革不断推进、市场化程度不断提升的特点。2011年以来，持续出台以下政策，形成了包括政府与市场定价并行、且价格市场化改革不断加快、交易中心价格发现功能不断增强的特点（图2-3，表2-5）。

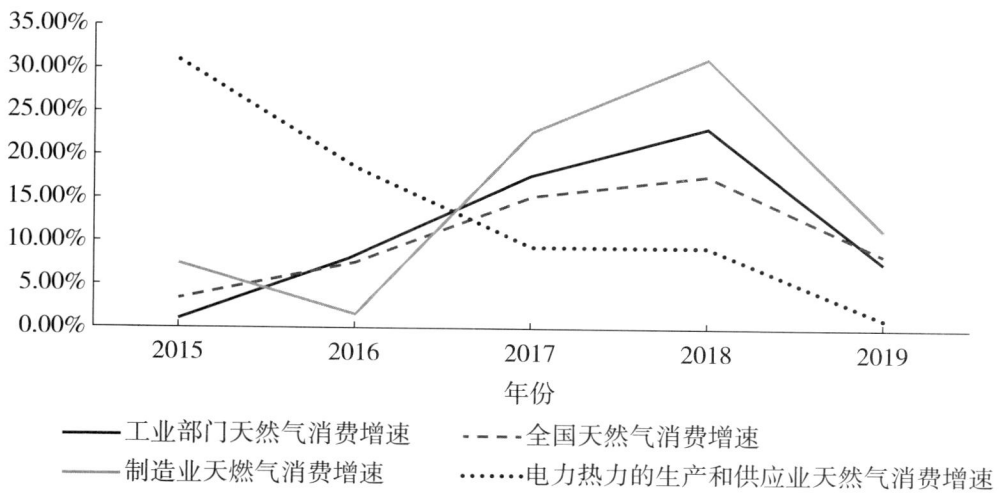

图 2-3 天然气价格市场化改革进程

表 2-5 2011 年以来天然气价格改革相关政策

| 时间 | 政策 | 主要内容 |
| --- | --- | --- |
| 2011年12月 | 《关于在广东省、广西自治区开展天然气价格形成机制改革试点的通知》 | 在广东、广西进行"市场净回值法"代替"成本加成法"试点;分省制定统一的门站价格;对天然气门站价格实行动态调整;对非常规天然气的井口价全面放开,利用市场来调节 |
| 2013年6月 | 《国家发展改革委关于调整天然气价格的通知》 | 天然气价格管理由出厂环节调整为门站环节,门站价格为政府指导价,实行最高上限价格管理,供需双方可在国家规定的最高上限价格范围内协商确定具体价格 |
| 2015年2月 | 《关于理顺非居民用天然气价格的通知》 | 自 2015 年 4 月起中国天然气存量与增量气价正式并轨,采取"市场净回值法"定价;同时试点放开直供用户用气价格(门站价) |
| 2015年10月 | 《中共中央国务院关于推进价格机制改革的若干意见》 | 加快推进能源价格市场化。按照"管住中间、放开两头"总体思路,推进电力、天然气等能源价格改革,促进市场主体多元化竞争,稳妥处理和逐步减少交叉补贴,还原能源商品属性 |

续表

| 时间 | 政策 | 主要内容 |
| --- | --- | --- |
| 2015年11月 | 《国家发展改革委关于降低非居民用天然气门站价格并进一步推进价格市场化改革的通知》 | 将非居民用气由最高门站价格管理改为基准门站价格管理 |
| 2016年11月 | 《关于福建省天然气门站价格政策有关事项的通知》 | 在福建省开展天然气门站价格市场化改革试点 |
| 2018年4月 | 《关于加强配气价格监管的指导意见》 | 按照"管住中间、放开两头"的总体思路,加强城镇燃气配送环节价格监管,促进天然气行业健康发展 |
| 2018年5月 | 《关于理顺居民用气门站价格的通知》 | 居民用气由最高门站价格管理改为基准门站价格管理,在上浮20%、下浮不限的范围内协商确定具体门站价格,最大调整幅度原则上不超过每千立方米350元 |

（1）以门站价格管理为主要特征的政府指导定价机制。

2011年年底，在广东、广西开展天然气价格形成机制改革试点；2013年6月，在总结广东、广西试点经验基础上，在全国范围内将天然气价格管理由出厂环节调整为门站环节，实行最高上限价格管理。将天然气和替代能源的价格挂钩，按"市场净回值法"，以上海为基准点+升贴水得到各省市天然气门站价格。供需双方可在国家规定的最高上限价格范围内协商确定具体价格。定价范围包括国产常规天然气与进口管道天然气，门站销售价格执行政府指导价。供用气双方可以基准价为基础按照上浮20%、下浮不限规定的浮动幅度协商确定具体价格。门站基准价格采取与油价挂钩、分省制定的原则，现有门站基准价格基于50美元/桶的油价水平确定。

（2）以价格形成市场化、减少交叉补贴为特征的价格机制。

中国天然气定价机制总体呈现逐渐放开气源和销售价格、加快市场化交易、提高资源配置效率的趋势。2011年年底，在广东、广西开展天然气价格形成机制改革试点；2013年6月，在总结广东、广西试点经验基础上，在全国范围内推广天然气价格形成新机制；2015年存量与增量气价格并轨；2018年居民与非居民门站价格并轨；2016年、2018年上海、重庆石油天然气交易中心相继开展天然气线上交易，最终目标是完全实现天然气市场化定价。

2020年3月，天然气门站价格正式移出新版《中央定价目录》，天然气价格形成机制市场化再次迎来里程碑。新版《中央定价目录》规定，具备竞争条件省份天然气的门站价格由市场形成。文件虽然没有对竞争条件做具体的表述，但是，若一个区域内同时存在两个及以上独立的气源（可以是陆上管道气、LNG气源，也可以两者都有）、且单个供应商不占据绝对优势、区域内的天然气储运设施实现了运销分离、互联互通和公平开放，就实质上具备了门站价格市场化竞争形成的基本条件。目前，中国的沿海地区如江苏、上海、浙江、广东等地，既有管道气源，又拥有多个独立的LNG进口气源；在省管网运销分离上，浙江省又走在全国前列，提出了打破省级管网统购统销，实行管输和销售业务分离[①]。未来，随着LNG进口主体多元化的进一步发展，沿海地区省（市）天然气供应的竞争性格局更容易形成，有望成为中国首批门站价格市场化的省（市）。

6. 环保政策

2015年以来，加强大气污染治理既是改善环境空气质量、增进民生福祉的必然要求，也是推进供给侧结构性改革、推动产业结构转型升级的重要抓手。要牢固树立"四个意识"，充分认识打好秋冬季大气污染综合治理攻坚战的重要性、必要性、正当性和紧迫性，全力保障攻坚行动落实到位，以空气质量改善的实际效果取信于民，实现区域

---

① 《2020年浙江省能源领域体制改革工作要点》，浙发改能源〔2020〕12号。

经济社会发展和生态环境保护协同共进。

2017年,党的十九大报告中指出:建设生态文明是中华民族永续发展的千年大计。必须树立和践行"绿水青山就是金山银山"的理念,坚持节约资源和保护环境的基本国策。随后国家针对大气污染治理密集出台了一系列措施,明确各相关部门、地方政府职责分工,加大政策扶持和考核力度,加大环保巡查和督促整改力度,全力推进大气污染防治工作的落实。全国各级地方政府也针对辖区实际,出台了地方性的环保行动方案、年度工作计划,并安排财政资金给予支持。

2017年8月21日,环境保护部、国家发展改革委、工业和信息化部、公安部、财政部、住房城乡建设部、交通运输部、工商总局、质检总局、能源局、北京市人民政府、天津市人民政府、河北省人民政府、山西省人民政府、山东省人民政府、河南省人民政府联合发布《京津冀及周边地区2017—2018年秋冬季大气污染综合治理攻坚行动方案》(简称《攻坚行动方案》)。要求各部门稳步推进大气污染防治工作,不断取得成效。各相关部门要按照职责分工指导各地落实《攻坚行动方案》任务要求,完善政策措施,加大扶持力度,充分调动地方和企业积极性,同时强化监督和管理,打好蓝天保卫战。

2018年7月3日,国务院发布《打赢蓝天保卫战三年行动计划》,全国各地燃煤锅炉综合整治工作达到高峰。京津冀及周边地区、汾渭平原等区域散煤治理快速推进,基本采用天然气替代燃煤;全国县级及以上城市建成区加快淘汰每小时10蒸吨及以下燃煤锅炉及茶水炉、经营性炉灶、储粮烘干设备等燃煤设施;重点区域基本淘汰每小时35蒸吨以下燃煤锅炉,"煤改气"在中国多个工业细分领域推进。

在环保政策高压下,2015—2018年,中国工业领域气化率显著加快,增速高于全国天然气消费增长水平。在工业部门中,制造业集中了最多的燃煤锅炉,在煤改气政策的大力推动下,制造业在2017年、

2018年间分别实现22.7%、31.3%的天然气消费增速，4年平均增幅达到15.7%；电力、热力的生产和供应业4年间天然气消费增速平均达到17.0%，增量相对集中在2015年、2016年，显示热力及电力生产领域的煤改气更早铺开（图2-4）。

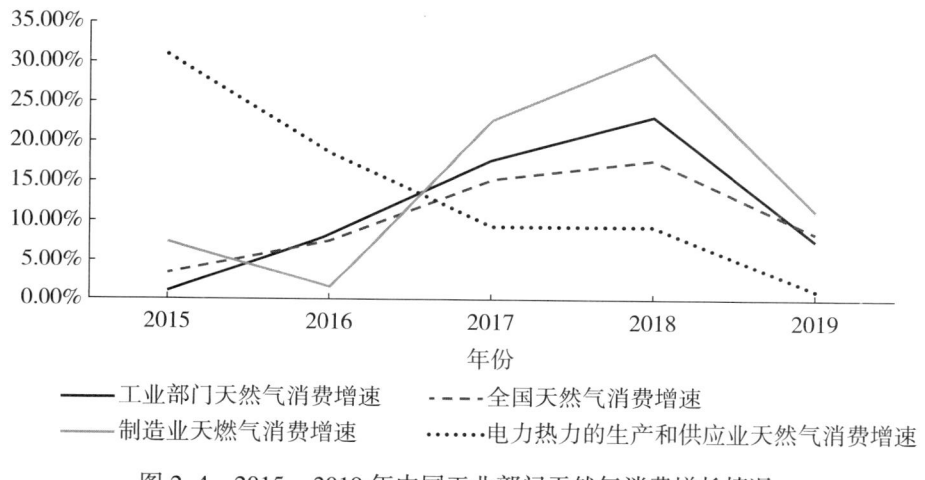

图2-4　2015—2019年中国工业部门天然气消费增长情况

## 第三节　城市化与工业化

国家的经济现代化过程是工业化与城市化互动发展的过程，工业为城市化提供了经济基础，城市化为工业化提供了优质要素和广阔的市场。党的十九大报告强调，更好发挥政府作用，推动新型工业化、信息化、城镇化、农业现代化同步发展，主动参与和推动经济全球化进程，发展更高层次的开放型经济。

### 一、城市化

城市化也称为城镇化，是指随着一个国家或地区社会生产力的发展、科学技术的进步以及产业结构的调整，其社会由以农业为主的传统乡村型社会向以工业（第二产业）和服务业（第三产业）等非农产业为主的现代城市型社会逐渐转变的历史过程。城市化是多维的概念，城市化内涵包括人口城市化、经济城市化（主要是产业结构的城市化）、地理空间城市化和社会文明城市化（包括生活方式、思想文化和社会组织关系等的城市化）。

根据《中国统计年鉴》数据，中国城镇人口在全国人口中的比重于 2011 年首次突破 50%，同年，与城镇化密切相关的居民生活用气、电力及热力的生产和供应企业用气、住宿及餐饮用气首次突破 500 亿立方米，城镇人均生活消费天然气 38 立方米/年，仅有四川、广东两省的天然气消费量超过百亿立方米。2018 年，中国城镇人口比重达到 59.6%，上述三个用气行业共消费天然气 1016 亿立方米，城镇人均生活消费天然气升至 122 立方米/年。当年，全国共有 9 个省市的天然气消费量超过百亿立方米。表 2-6 和图 2-5 统计了 2004—2020 年中国城镇人口增速和相关行业的天然气消费增速。数据显示，在这 15 年间，中国城镇人口以平均每年 2.9% 的速度增长，电力、热力的生产和供应企业天然气消费量年均增速达到 27.5%，生活天然气消费和住宿餐饮行业天然气消费年均增速均为 13.8%。15 年间，中国城镇人口数量增长了 1.59 倍，上述三个行业的天然气消费量总量则增加了 15.3 倍。

表 2-6　城镇人口增速和部分行业的天然气消费增速对比

| 年份 | 城镇人口 | 电力、热力的生产和供应业 | 生活消费 | 批发、零售业和住宿、餐饮业 |
| --- | --- | --- | --- | --- |
| 2004 | 3.6% | 69.0% | 29.5% | 34.0% |
| 2005 | 3.6% | 47.4% | 18.2% | 17.5% |
| 2006 | 3.7% | 57.0% | 29.2% | 22.0% |
| 2007 | 4.0% | 139.9% | 39.7% | 30.0% |
| 2008 | 2.9% | 4.5% | 18.6% | 3.7% |

续表

| 年份 | 城镇人口 | 电力、热力的生产和供应业 | 生活消费 | 批发、零售业和住宿、餐饮业 |
|---|---|---|---|---|
| 2009 | 3.4% | 73.0% | 4.5% | 35.0% |
| 2010 | 3.8% | 41.4% | 27.7% | 13.7% |
| 2011 | 3.1% | 19.2% | 16.5% | 23.5% |
| 2012 | 3.0% | 4.4% | 9.0% | 15.0% |
| 2013 | 2.7% | 8.6% | 12.0% | 1.6% |
| 2014 | 2.5% | 7.4% | 6.1% | 18.6% |
| 2015 | 2.9% | 30.9% | 5.0% | 10.0% |
| 2016 | 2.8% | 18.7% | 5.5% | 4.8% |
| 2017 | 2.6% | 9.4% | 10.7% | 7.1% |
| 2018 | 2.5% | 9.2% | 11.4% | 5.6% |
| 2019 | 2.3% | 1.1% | 7.2% | 2.7% |
| 2020 | 2.0% | | | |
| 均值 | 3.2% | 33.8% | 15.7% | 15.3% |

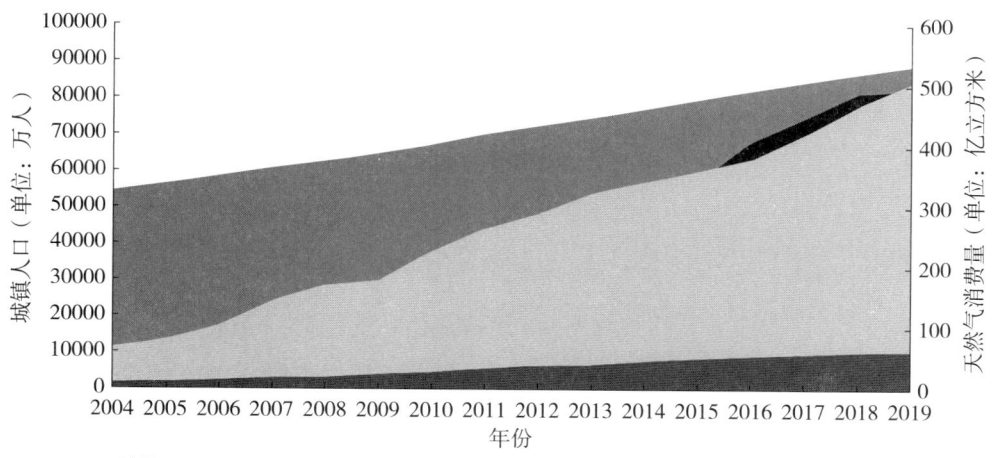

图 2-5 城镇化与天然气消费的变化

## 二、工业化

工业化主要是指工业在一国经济中的比重不断提高以至取代农业，成为经济主体的过程。这一过程的特征主要是农业劳动力大量转向工业，农村人口大量向城镇转移，城镇人口超过农村人口。工业化是现代化的基础和前提，高度发达的工业社会是现代化的重要标志。中国为实现工业化已经奋斗了半个世纪，把一个落后的农业大国建设成为拥有独立的、比较完整的、并有一部分达到现代化水平的工业体系和国民经济体系。

从工业门类来看，经过 70 年的发展，目前中国已经拥有 41 个工业大类、207 个工业中类、666 个工业小类，形成了独立完整的现代工业体系，是全世界唯一拥有联合国产业分类当中全部工业门类的国家。从科技创新能力建设来看，近年来，中国企业不断加大研发投入，技术创新水平不断提高。一些技术已经从"跟跑"到"并跑"甚至向"领跑"迈进，比如发电设备、输变电设备、轨道交通设备、通信设备等产业都已处于国际领先地位。从工业增加值来看，中国全部工业增加值从 1952 年的 120 亿元增加到 2018 年的 30 多万亿元，按不变价格计算增长约 971 倍，年均增长 11%。2018 年，工业在中国 GDP 中的比重约为 33%，工业用气占全国天然气消费总量的 69%[①]（图 2-6）。未来，在"3060"双碳目标的引领下，工业领域的电气化水平还将显著提升，天然气消费量仍有增长空间。

---

① 含天然气发电及天然气化工用气。

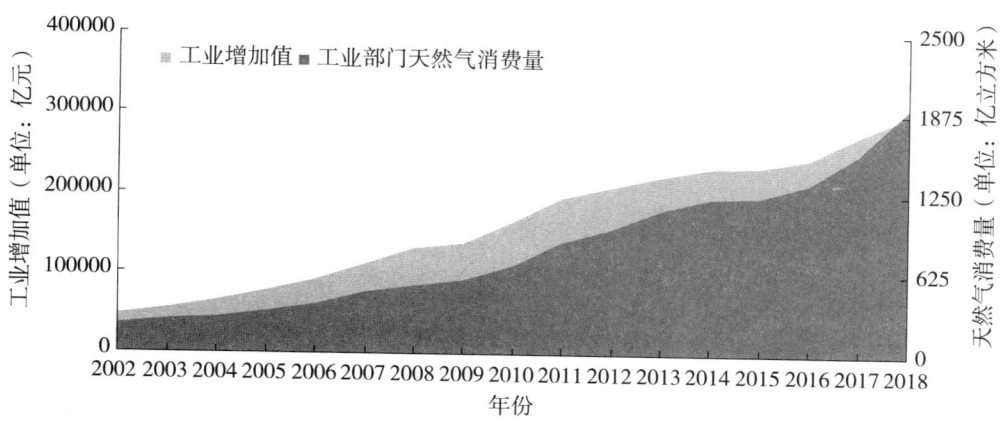

图 2-6　2002—2018 年中国工业部门天然气消费量和工业增加值的增长情况

## 第四节　市场主体与利益诉求

市场主体是市场上从事交易活动的组织和个人，它具有自主性、追利性和能动性等基本特性。既包括自然人，也包括以一定组织形式出现的法人；既包括营利性机构，也包括非营利性机构。因此企业、居民、政府和其他非营利性机构构成了市场主体的诸要素。

市场主体具有盈利性，这是其最本质最重要的特征。市场主体还具有独立性，主要表现为产权的独立和经营权的独立。市场主体遵循市场规律对经营战略和策略进行调整，灵活性是其存在于市场的基本功能。此外，市场主体还具有相互间的关联性、平等性、合法性等特征。具体到天然气市场，供方、用方及政府主管部门构成了最主要的市场主体（图 2-7）。

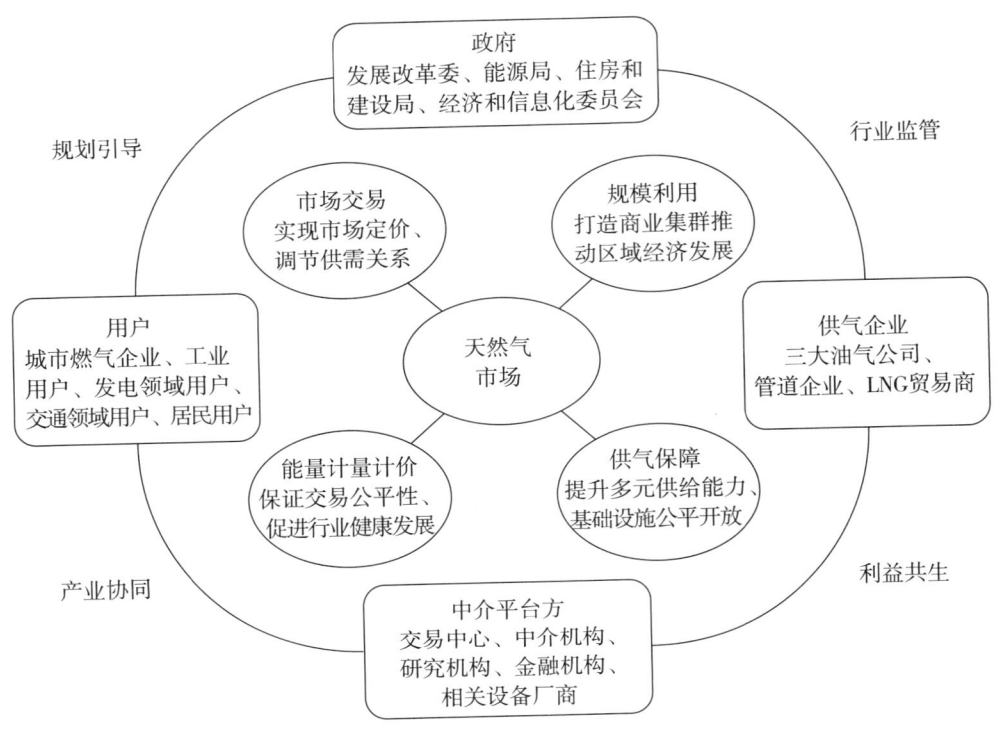

图 2-7　天然气市场主要主体及功能

## 一、供应方

广义的供应方是指资本、商品、服务的提供者。在天然气市场中，从事天然气勘探、生产、进口的企业提供天然气商品；从事天然气批发、贸易的销售企业提供天然气配售服务；从事天然气输配业务的企业提供天然气运输、配送、储存服务；从事天然气零售业务的企业向数量众多的居民、小型工商业用户、福利单位等终端用户提供天然气配售服务。根据中国现行规定，天然气供应方有义务保证提供的商品天然气符合国家相关标准，有义务保证天然气的供应稳定。同时，中国天然气供应方的定价行为接受政府监管，包括部分国产天然气的定价，如天然气管输价格、配气价格、天然气终端销售价格等。从中国的天然气定价机制改革发展趋势来看，天然气气源价格将更多地由市场竞争形成，天然气输配及终端销售价格在更加严格的政府监管下仍有下调空间，天然气储气调峰服务实现单独收费。

近年来，中国的天然气供应量受下游需求推动及国家能源政策鼓励逐年递增。由于国产天然气的增速落后于国内天然气消费需求，进口天然气在供应总量中的占比不断扩大，2018年达到45.3%，引起了国家高度重视，要求加大国内勘探开发，降低天然气进口依赖。

供应方的利益诉求包括：一是实现公司资产的保值增值，对天然气勘探开发企业来说，是提高生产效率，实现效益开发；对天然气销售企业来说，则是扩大市场份额，提升销量，开发潜力市场，降低购气成本，优化销售结构，实现天然气的价值增值，更加突出了效率效益的考核；对于天然气管道建设和运营企业，是收回投资。二是规范公平、稳定的营商环境，减少行政干预。三是优惠政策落实到位，如页岩气勘探开发补贴。

## 二、需求方

天然气需求具有波动性、区域不均衡性，不同的用户具有不同的用气特征。

天然气需求的波动性主要体现在日峰谷差、季节性峰谷差以及重大节假日引起的需求波动。日峰谷差主要存在于城市燃气领域，这是由于居民生活用气，餐饮、商业及公共服务用气集中于早、中、晚三个时段，造成用气负荷在这三个时段较高；夜间生活及消费活动停止，用气负荷降至全天最低。季节性峰谷差主要体现在冬季用气高峰和夏季用气低谷，原因在于冬季气温降低，造成采暖需求急剧上升、工业企业生产耗气量自然增加等。由于近年来北方煤改气的大力推进，城镇化、工业化进程持续，中国天然气需求的季节性峰谷差逐年加大（图2-8）。

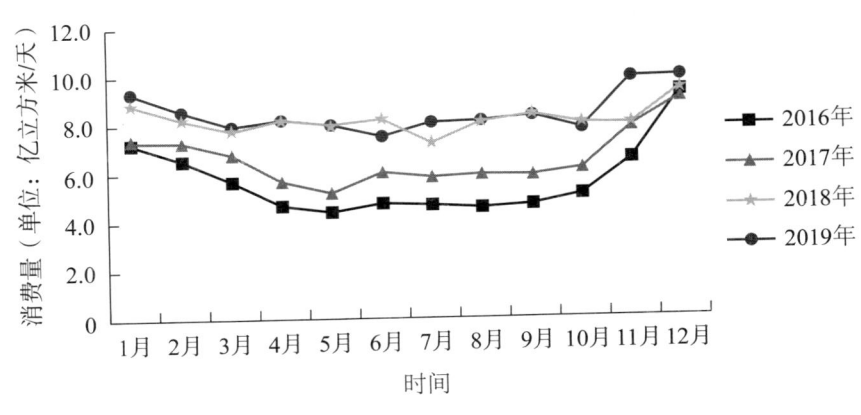

图 2-8 近年来全国分月日均消费量对比

### 三、政府主管部门

政府是天然气市场的规则制定者,规范天然气市场交易秩序,监管天然气市场各参与方的交易行为,维护天然气市场的健康有序发展,并促进天然气市场的交易效率。

政府还是天然气市场发展壮大的引领者。政府主管部门通过优化顶层设计,推动油气体制改革;制定专项规划,统筹天然气和其他能源、天然气产业和国民经济协调发展;建立考核机制,严格落实主体责任;综合运用放宽准入限制、财政支持和税收优惠等多项手段,全面促进国内天然气勘探开发和下游利用。

政府是天然气市场的裁判员。市场竞争是提高交易效率、优化资源配置的最有效途径,天然气产业市场化也是在各环节引入竞争机制的过程。目前,从参与者数量来看,天然气终端市场是整个产业链中竞争最为充分的环节。从垄断程度来看,天然气输送环节因自身特性属于自然垄断,垄断程度最深。但是,由于特许经营权的存在,城镇燃气企业在特许经营范围内处于垄断经营地位,其经营行为自然受到政府监管部门的重点督查，其收费行为更是受到严格限制。近年来，随着全社会对于城市燃气企业各项收费的质疑越来越高，已有部分天然气销售企业、燃气公司接受了政府有关部门的调查并最终受到处罚。

政府主管部门的诉求。政府对天然气开采、管道输送与存储、销售的利益共享诉求越来越高。一是留利留税，创造就业机会；二是增加地方GDP；三是确保环境可承载，企业达标排放和安全生产；四是通过投资平台，采取与天然气产业链企业合资合作的方式，参与天然气的产、运、储、销各环节的生产经营；五是成立独立的公司，直接进入天然气产业链，掌握区域内天然气资源购销、分配、调度、终端销售的话语权。

### 四、交易中心

2015年以来，国内已先后在上海、重庆、深圳、浙江组建运营（石油）天然气交易中心，在开发交易品种、交易模式等方面不断进行探索，切实推动了天然气价格回归商品属性，促进了基础设施公平开放，协助企业提前锁定冬季资源，降低了供需双方的交易成本，对提高天然气资源配置效率、促进市场多元化、提升区域能源供应安全发挥了积极作用。随着国内天然气市场化改革的深入推进，交易中心在促进交易、发现价格、提供综合信息服务、形成区域定价主导权、市场化平衡供需等方面还将发挥重要作用。

## 第五节　天然气产业链

天然气全产业链包括上游气源、中游储运和下游分销，涉及天然气的勘探开采、资源进口、贸易、运输存储、终端销售等多个环节（图2-10）。上游气源环节，中国在天然气工业与市场的起步和发展阶段并未在勘探开采环节实行主体多元化政策，而是随着石油工业体制由计划经济向市场化演进的过程中形成了三大石油公司覆盖全国并走向海外，地方国企参与局部区域油气资源开发的局面，投资主体较少，资金及技术壁垒较高。进口环节，中国已形成海气和管道气两大进口通道。其中，海气以LNG的形势由船舶运送至中国沿海接收站，气化进入大管道或通过槽车分销至终端；气态天然气则通过中亚、中缅、中俄等跨国天然气管道，从资源国输入中国，运往主要消费市场。

中游储运环节，进口管道气进入中国后和国产气一并通过骨干管道运输至各个省，省级管道进入各市，期间部分管道气通过液化工厂加工成为LNG，通过槽车运送至管道尚未通达的区域；而LNG通过接收站进入中国市场后，部分被气化进入骨干管道，部分通过槽车运输到分销设施，储气库是中游环节的重要基础设施，用于天然气的储存、调峰，发挥着季节性平峰填谷、保障管网运行压力、保证供应平稳安全的重要作用。

下游分销环节，管道气通过调压后进入中低压管道，输送给城市燃气、化工化肥厂、电厂等各类用户；槽车运输的LNG通过加气站销售给下游汽车及工业用户。天然气用户主要为居民用户、工业用户及汽车用户，其中居民主要用天然气进行取暖，工业用户则用天然气供热或合成基础化工品、化肥等，车用燃气则主要用来给各类汽车提供动能。该环节竞争较为激烈，既有中国石油、中国石化等央企参与，也有新奥、中燃、华润、港华等大型城市燃气公司，更有为数众多的地方政府控股的地方燃气公司，以及民营小型燃气公司参与（图2-9）。

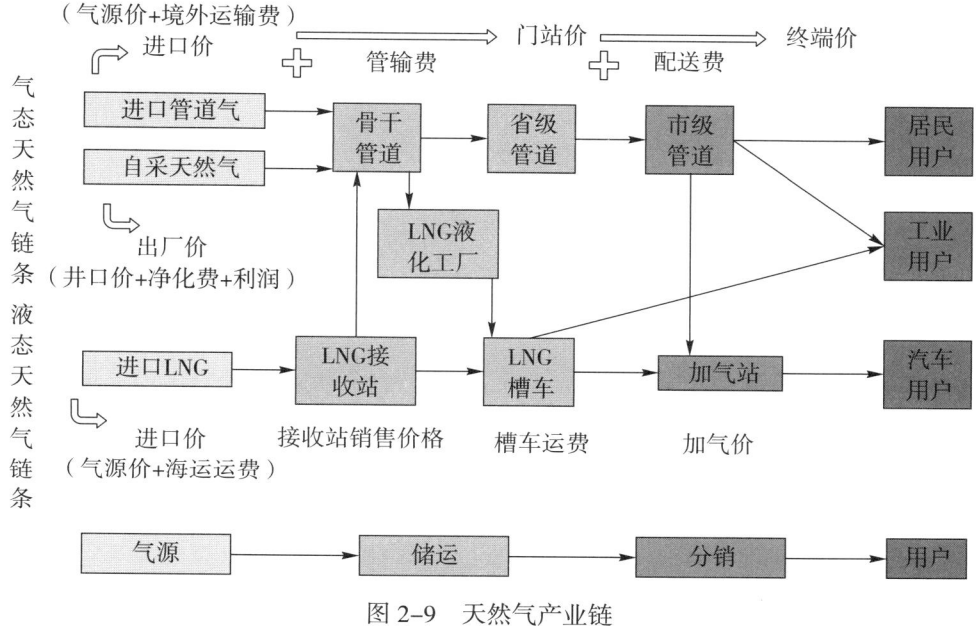

图 2-9　天然气产业链

## （一）勘探开发

20 世纪 90 年代，天然气日益受到国外发达国家重视，当时国外油、气产量比已经达到 1∶0.7，而中国油、气产量比仅为 1∶0.12，远低于世界平均水平。"油气并举"发展战略的提出之后，天然气累计探明地质储量和剩余可采储量快速增长，天然气产量稳步提升，产量年均增长约 20 亿立方米，1996 年产量突破 200 亿立方米，2001 年突破 300 亿立方米，2004 年突破 400 亿立方米。

2004 年后，中国天然气资源勘探开发不断取得突破，探明储量和产量都快速增加。2011 年产量突破 1000 亿立方米大关，2013 年，中国的天然气探明储量为 3.4 万亿立方米，相比 2004 年增加了 1.9 万亿立方米，年均增速 9.8%；产量为 1218.1 亿立方米，相比 2004 年增加了 800.2 亿立方米，年均增速高达 12.6%（图 2-10）。2013 年，国内首个煤制天然气项目——新疆伊犁庆华煤制天然气项目投入商业化运行。

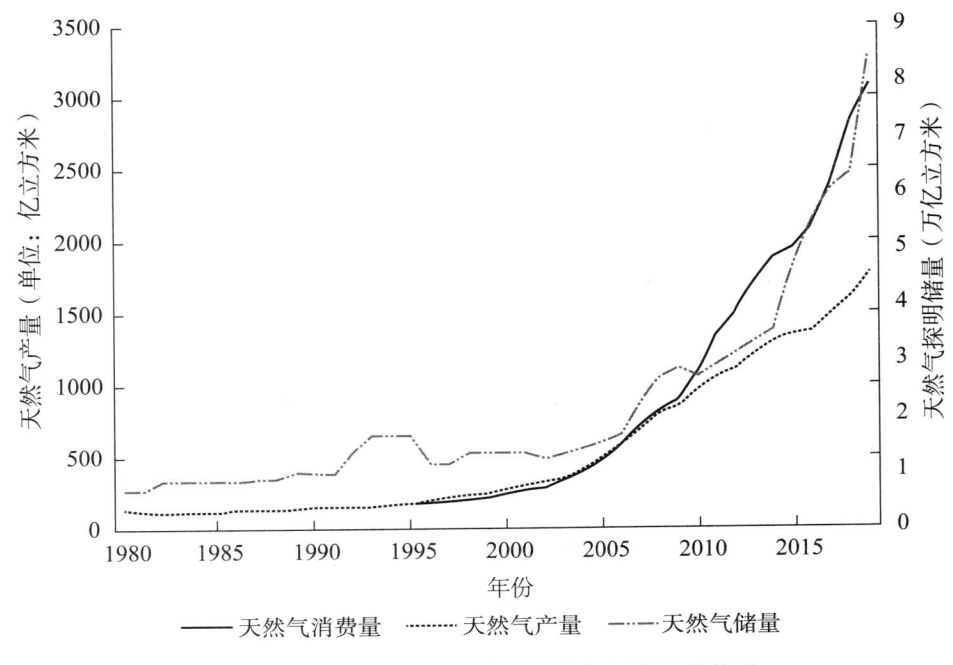

图 2-10 1980—2019 年中国天然气行业发展状况

数据来源：BP。

## （二）管道储运

### 1. 天然气管道

1997 年以前，中国天然气基础设施不尽完善，储运配系统不发达，主要围绕西南油气田、中原油田的开发，建成了川渝输气管网、中原油田周边管道，尚未形成全国性的管网。1997 年，陕京线建成，标志着天然气管线由区域性向全国性发展。

截至 2004 年年底，全国天然气管道总长度约 $2.4 \times 10^4$ 千米，其中管径大于 426 毫米的管道总长度为 $1.48 \times 10^4$ 千米。中国石油的天然气管道总长度为 $1.8 \times 10^4$ 千米，占全国的 72%。此时，已投产陕京线、涩宁兰、西气东输、忠武线、陕京二线等重要的基干管道，中国横向管道通道雏形已经形成，天然气的总体流向是由西向东。西气东输管线输送塔里木天然气，陕京线、陕京二线输送长庆天然气，忠武线输送川渝天然气，涩宁兰输送青海天然气，四大气区的天然气通过联络线又可互相调配，四大气区的天然气外输能力全面实现。

自2004年来，随着西气东输系统、冀宁、涩宁兰、永唐秦、秦沈、大沈、川气东送、陕京系统、山东管网、中缅和中贵等天然气骨干管道、管网相继建成投产，至2013年年底国产天然气、陆上进口天然气、煤制天然气、煤层气和海上进口LNG等各路资源进入管网，管道天然气已基本覆盖中国大陆除西藏以外的所有省、自治区和直辖市，全国基本实现天然气输配管网化和气源多元化。尤其以2013年10月地处西南地区的中缅天然气管道和中贵联络线的建成投产为里程碑，中国基本形成"西气东输、缅气北上、海气登陆、就近外供"的天然气资源流向格局，初步建成纵贯南北、横跨东西、连通海外、管网主导、规模庞大的全国性供气网络。2013年10月底，中国石油的西二线与中国石化川气东送管道顺利完成互联工程动火连头作业，中国石油和中国石化所辖国内南北两大管网首次实现对接。截至2013年年底，全国已建成油气管道总里程约$11×10^4$千米，其中天然气管道$6.4×10^4$千米，原油管道$2.6×10^4$千米，成品油管道$2×10^4$千米。

2014年到2019年，中国天然气长输管道里程$43.45×10^4$千米增加到$70.06×10^4$km，新增天然气管道里程达到$26.6×10^4$千米。2019年12月2日，俄罗斯天然气入境黑龙江，标志着中俄天然气管道成功建成投运。中俄输气管道投产，意味着中国西北、西南、东北和沿海四大天然气进口通道全面建成。

2. 储气库

中国于20世纪60年代在大庆油田首次开展储气试验，并于1975年建成了中国首座地下储气库——喇嘛甸地下储气库，但该库只是一次尝试，并没有发挥调峰保供的作用。20世纪90年代初，随着陕甘宁大气田的发现和陕京天然气输气管线的建设,为确保北京、天津两大城市的安全供气,在天津附近的大港油田利用枯竭凝析气藏设计了3个地下储气库,即大张坨地下储气库、板876地下储气库和板中北储气库,这3个储气库总的调峰气量为20亿立方米左右。其中,大张坨地下储气库于2000年投产,最大日采气能力超过1000万立方米。

截至2019年,中国储气库工作气量约95亿立方米,占中国总消费量的3.13%。目前,中国天然气地下储气库的建设仍然处于初级阶段。"十二五"期间,中国累计建成地下储气库7座,新增工作气量37亿立方米。"十三五"规划明确规定,至2020年,规划建设地下储气库累计形成工作气量148亿立方米。《中国天然气"十三五"规划》中,明确几大地下储气库建设项目:中国石油文23、中国石化文23、江汉盐穴、卫城、朱家墩等,其中中国石化文23储气库已经投产运营,文23储气库设计库容104亿立方米,建成后有效工作气量40亿立方米以上,能有效缓全国特别是华北地区在用气高峰期间的用气紧张局面,其他项目也在加紧推进中。

3. LNG 液化厂和 LNG 接收站

中国的 LNG 产业始于 1998 年广东 LNG 项目立项,到 2004 年 4 月,中国石化青岛 LNG 项目立项,12 月中国石油的第一个 LNG 项目——大连 LNG 通过审批,至此中国三大石油公司在 LNG 领域第一次出现全面发展和竞争的格局,标志着中国 LNG 工业进入全面发展的时期。2006 年,中国第一座 LNG 接收站——深圳大鹏 LNG 接收站建成投产;到 2013 年年底,中国已投产的 LNG 接收站有 9 座,合计接收规模为 3060 万吨 / 年;已获核准正在建设的 LNG 接收站有 7 座。中国进口 LNG 始于 2006 年深圳大鹏 LNG 接收站建成投产,之后呈快速增长态势。2014—2019 年,中国共有 11 座 LNG 接收站投产,新增接收能力为 2985 万吨 / 天。

（三）综合利用

1. 消费量缓慢增长阶段

1997年以前，由于天然气基础设施不够完备，天然气消费量增长缓慢。1991—1997年，天然气消费年均增长7亿立方米。随着国民经济的快速发展以及长输天然气管道陆续建成，中国天然气消费量增速加快，1997—2004年天然气消费年均增长近29亿立方米，由198亿立方米增至400亿立方米，2004年天然气在中国能源消费结构中的比例提升至2.3%。

1997年之前由于没有天然气长输管道等基础设施，这一时期生产的天然气基本上就近利用，主要集中在油气田周边消费。消费区域分布主要集中在拥有大型油气田资源的新疆、四川、重庆、辽宁、黑龙江、河南、山东、天津等地。利用领域基本以油气田生产自用和油气田周边化肥、化工用气为主。中国天然气在一次能源消费结构中的比例很小，仅为2.6%。天然气市场消费以工业燃料和化工为主。1997年之后，天然气覆盖区域日益广阔，逐渐由生产基地向消费中心地区拓展；受益于陕京线的投产，北京、天津、河北等沿线地区消费增速加快，2004年三省市天然气消费量为45亿立方米，达到1993年消费量的4.4倍。天然气利用领域也有所扩展，建成了一些油气田附近自备电厂，2000年燃气发电量已达到58亿千瓦时。

天然气在销售方式上基本是以产定销，天然气价格以政府定价。政府对天然气工业管理比较严格，但是没有专门行业主管机构，也没有全国统一的天然气法律。

2. 消费量高速增长阶段

2013年中国天然气消费量为1718.8亿立方米，相比2004年增加了1318.9亿立方米，9年间年均增速高达17.6%，远远超过了产量的增速。主要的驱动因素为天然气供应充足、价格低廉、清洁能源特性。

经济发展和环境保护拉动中国天然气刚性需求快速增长，特别是受治理雾霾天气影响，全国多个省份加快煤改气进程，部分企业在未落实气源的情况下实施煤改气工程，导致天然气需求量过快过猛增长。这一年中国的天然气对外依存度首次突破30%，达到31.6%。

2013年，中国城市燃气行业的天然气消费量约占全国天然气消费总量的1/3，天然气气化人口约为2.6亿，城镇人口天然气气化率达到35%以上；天然气在交通领域快速发展，LNG车用加注站数量从上年的约600座飙升至约2000座。2004—2014年，工业燃气和天然气化工消费量占全国总消费量的比例分别下降到26.4%和22.1%，民用、商业和其他燃气的比例则增加到33.2%，发电增加到18.3%，多元化格局正在逐步形成。

2013年6月28日，国家发展改革委发布《国家发展改革委关于调整天然气价格的通知》，指出从2013年7月10日起对天然气价格进行调整：价格管理由出厂环节调整为门站环节，门站价格为政府指导价，实行最高上限价格管理，"一省一价"；居民用气价格不作调整；非居民用气区分存量气和增量气，增量气价格按照广东、广西试点方案中的计价办法，一步调整到2012年下半年以来可替代能源价格85%的水平，并不再按用途进行分类；存量气价格分步调整，力争"十二五"末调整到位。此次天然气价格机制的调整是在2011年广东和广西实施天然气价改试点、2012年四川实施全省统一最高门站价格后，天然气价格改革在全国的铺开。

3. 消费量中高速增长阶段

2014—2016年，受中国经济增速放缓、可替代能源价格下跌等因素影响，全国天然气消费量年均增长$117 \times 10^8$立方米，年均增速6.4%；2017年起，随着天然气产业利好政策和深化改革措施的陆续出台，天然气消费重新增长，2017年、2018年天然气消费增速超过17%；2019

年，中国天然气表观消费量达3067亿立方米，同比增长264亿立方米，增长9.4%。

2018年，国内天然气在一次能源消费中占比近8%，2019年约8.5%左右，近年来虽然占比增速较快，但仍然远低于全球23.4%的平均水平。国内天然气市场特别是主要的管道及CNG领域，目前仍然主要受政府管控，市场化属性相对不足，当然，相关制度、机制等市场化改革也是近年来国内大力推进的重要工作，2019年改革进程已经进入攻坚阶段，国家管网公司成立，门站价格取消等等变革性政策相继落实，2020年甚至接下来的"十四五"期间，将是中国天然气市场政策改革、机制完善的关键时段，也是国内市场快速由发展期迈向成熟期的机遇期。

## 第六节　用户用气特征与市场定位

### 一、城市燃气

城市燃气的用气特征体现在用气的规模性、波动性。

（一）规模性

城市燃气的用气规模主要取决于用气客户数量，如居民用户数量，公用客户数量及客户的单耗，从而体现城市燃气用气规模的差异性，一般而言，由于城市化的差异性及城市人口规模的差异，一线城市燃气公司的用气规模大于二线城市的，二线城市的用气规模大于三四线城市的。从2019年北上广深等一线城市，蓉渝等二线城市燃气公司用气量看，由于经济规模与城市化程度的差异，体现了城市规模对城市燃气用气量的差异（表2-7）。

表 2-7 2019 年全国部分城市经济指标与城市燃气

| 城市 | 城市类型 | GDP（亿元） | 城镇化率（%） | 常住人口（万人） | 城市燃气规模（亿立方米） |
|---|---|---|---|---|---|
| 北京 | 一线 | 35371 | 86.6 | 2154 | 188.5 |
| 上海 | 一线 | 38155 | 88.1 | 2428 | 94 |
| 广州 | 一线 | 23629 | 86.5 | 1531 | 15.9 |
| 深圳 | 一线 | 26927 | 100 | 1344 | 31.3 |
| 成都 | 二线 | 17013 | 74.1 | 1658 | 16.8 |
| 重庆 | 二线 | 23606 | 66.8 | 3124 | 37 |

资料来源：各地市 2019 年国民经济发展和社会统计公报（各城市燃气公司年报、网站）。

## （二）波动性

城市燃气用气存在较大的波动性。从季节性看，往往冬夏季波动性较为显著，形成巨大的峰谷差。以川渝地区为例，2020 年城市燃气峰谷差已经达到 2000 万立方米（图 2-11）。

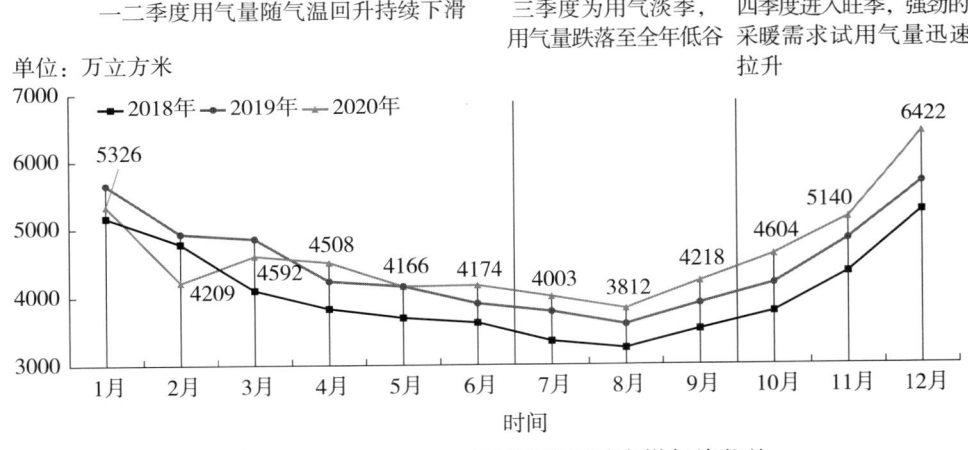

图 2-11 2018—2020 年川渝地区城市燃气峰谷差

## 二、工业用户

工业燃料的用气特征体现在用气的连续性、规模性、波动性、价格敏感性。

### （一）规模性

与城市燃气比较，工业用户一般用气量相对稳定，具有相对大的用气规模性，大型工业燃料用户采取直供方式，有利于降低单位供气量的营销成本，提升整体营销效益，因此，不同行业的用气规模差异造成的用气效益差别大。

根据对建材等16个工业行业用户用气特征的比较，在用气规模性方面差距较大，其中建材、钢铁、化工、有色金属、燃气发电等行业属于规模效益型行业，一般地，需要生产装置达到一定的规模才具有效益性。上述行业用气量也因此具有规模效应。其余行业用户从用气量看，总体相对较少。调研用户生产规模与用气量对应如表2-8所示。

表2-8 天然气用气行业生产规模与用气量

| 行业 | 生产规模 | 用气量（$10^4$立方米） |
|---|---|---|
| 建材（陶瓷） | 建筑瓷器 $200 \times 10^4 \sim 400 \times 10^4$ 平方米<br>骨质瓷器 $400 \times 10^4 \sim 500 \times 10^4$ 件<br>电磁 $250 \times 10^4$ 个<br>卫生洁具 $20 \times 10^4$ 件 | 263～719<br>183～242<br>1100<br>200 |
| 建材（玻璃） | 浮法玻璃 $410 \times 10^4$ t | 4200～12000 |
| 有色金属 | 铝（氧化铝 $160 \times 10^4 \sim 230 \times 10^4$ 吨<br>铝合金轮毂 $60 \times 10^4$ 只<br>镁 $10 \times 10^4$ 吨<br>铅锌 株冶 $60 \times 10^4$ 吨<br>硬质合金 $1.3 \times 10^4$ 吨<br>铜 | $1 \times 10^4 \sim 3.14 \times 10^4$<br>229<br>1500<br>1500<br>400<br>1413 |

续表

| 行业 | 生产规模 | 用气量（$10^4$ 立方米） |
|---|---|---|
| 机械 | 铁路机车 800 台<br>汽车 $25 \times 10^4$ 台 ~ $50 \times 10^4$ 台<br>发动机 潍柴 $1000 \times 10^4$ 千瓦 | 40<br>1000 ~ 1413<br>1122 |
| 电子设备 | 玻璃纤维（$38 \times 10^4$ 吨）<br>消费电子 $60 \times 10^4$ 台 | $2.92 \times 10^4$<br>90 |
| 钢铁 | 钢铁生产与加工 $30 \times 10^4$ ~ $50 \times 10^4$ 吨<br>钢管 $50 \times 10^4$ 吨<br>不锈钢 | 900 ~ 4420<br>1800 ~ $2 \times 10^4$<br>780 ~ $2 \times 10^4$ |
| 非金属 | 太阳能电池 1.25 兆瓦<br>耐火材料 $4.2 \times 10^4$ 吨 ~ $5 \times 10^4$ 吨 | 38<br>170 ~ 600 |
| 服装与纺织 | 汽车纺织<br>缝纫线<br>染料 $3 \times 10^4$ 吨 | 140<br>100<br>300 |
| 烟草 | 卷烟 | 720 ~ 1323 |
| 食品制造 | 方便面 | 16 ~ 89 |
| 饮料制造 | 啤酒（$12 \times 10^4$ 吨 ~ $16 \times 10^4$ 吨）<br>乳制品（$29 \times 10^4$ 吨）<br>果汁饮料 | 230 ~ 476<br>535<br>987 |
| 造纸 | 普通纸（$1000 \times 10^4$ 箱）、本色纸（$50 \times 10^4$ 吨） | 362 ~ 2000 |
| 医药 | 输液袋<br>营养液 6000 立方米<br>心脑血管药品 | 93<br>200<br>132 |
| 废弃材料回收 | 废弃材料处理（电池、废水） | 8.2 ~ 169.7 |

从上述行业的生产规模与用气量来看，同时结合调峰能力与气价承受能力分析，可以划分为三类。

用气规模效益突出的行业（$1000×10^4$以上）。用气规模效益突出的行业一般用气量均在$1000×10^4$～$2×10^8$立方米之间。其中建材行业中的玻璃，有色金属行业中的铝冶炼与加工、石化行业中的天然气制氢、化工行业的联碱、甲醇、化肥（合成氨与尿素）、钢铁行业中的钢铁冶炼、燃气发电行业的生产与用气量均体现了很强的规模性。部分行业的用气量甚至超过$5×10^8$立方米。如燃气发电、化肥，铝冶炼行业。其中，化工、化肥行业、燃气发电行业需要用天然气作为主要原料，且生产规模巨大，因此其用气量一般至少在$1×10^8$立方米左右。钢铁与有色金属冶炼生产规模巨大，冶炼温度高，需要大量的热能，天然气作为主要热源，消耗量巨大。但该类用户用气经济效益差距大，价格承受能力强的钢铁、有色金属、天然气石化中的制氢效益突出，但化肥、燃气发电等行业效益较差。

用气规模效益一般的行业（$500×10^4$～$1000×10^4$立方米）。钢铁行业中的不锈钢、饮料制造行业中的果汁饮料制造，食品生产中的乳制品生产用气量均达到了$500×10^4$～$1000×10^4$立方米的规模。

用气规模效益相对较差的行业（$500×10^4$立方米以下）。陶瓷行业中的骨质瓷、建筑陶瓷、卫生洁具、消费电子、非金属、铁路机车、太阳能电池板、服装与纺织、方便面、医药、废弃材料回收尽管生产规模较大，但由于仅仅在局部生产环节中使用天然气作热源，因此天然气消耗量低，不到$500×10^4$立方米。在同等营销成本下，用气规模效益相对较差。

综合比较来看，上述三类用户中，第一、第三类用户居多，第二类用户少，表明目前天然气用气规模性呈现出"两端大，中间小"的特点。

（二）连续性

工业用户大多数属于连续生产企业，一般情况下，应保障天然气的持续供应,确保工业用户的生产。但由于天然气供应涉及多方面的因素,一旦出现天然气减停气,需要考虑工业用户配合调峰,针对用户生产连续性的特点研究至为重要。

一般地,钢铁、冶金、玻璃等行业属于连续生产行业,天然气的持续保障供应对上述行业安全生产至关重要。连续性行业对用气供应保障的要求有差异,主要表现在两个方面,一部分行业可以通过替代能源作为短期停止供气后的替代能源,具有可中断性,可作为可中断用户进行开发;另外一部分行业则无法中断,需要保障持续供气。16个行业的生产性质、备用能源与应对减停措施及中断性如表2-9所示。

表2-9 天然气用气行业生产连续性与中断性

| 行业 | 生产性质 | 备用能源与应对减停措施 | 能否中断 |
| --- | --- | --- | --- |
| 建材(陶瓷) | 非连续生产 | 水煤气 | 可中断 |
| 建材(玻璃) | 连续生产 | 发生炉煤气、焦炉煤气、重油、煤焦油、石油焦,提前通知,可短期配合调峰 | 可短期中断 |
| 有色金属 | 连续生产 | 焦炉煤气、燃料油、煤炭 | 可中断 |
| 机械 | 连续生产 | CNG、LNG、LPG | 可中断 |
| 电子设备 | 连续生产 | 部分用户替代能源为柴油 | 可中断 |
| 钢铁 | 连续生产 | 煤、重油、焦炉煤气、焦炭、燃料油 | 可中断 |
| 非金属 | 连续生产 | 无备用能源 | 可中断 |
| 服装与纺织 | 连续生产 | 以LPG或CNG为替代能源 | 可中断 |
| 烟草 | 连续生产 | 燃料油 | 可中断 |
| 食品制造 | 连续生产 | 柴油、LPG、集中热源等 | 可中断 |
| 饮料制造 | 连续生产 | 蒸汽 | 可中断 |
| 造纸 | 连续生产 | 普通纸生产供气中断可以用LPG代替,本色纸生产无替代能源 | 普通纸生产可中断,本色纸生产不能中断。 |

续表

| 行业 | 生产性质 | 备用能源与应对减停措施 | 能否中断 |
|---|---|---|---|
| 医药 | 连续生产 | 以煤和重油为替代能源 | 可中断 |
| 废弃材料回收 | 连续生产 | 以柴油为备用能源 | 可中断 |

1. 替代能源与减停气后的生产保障

从替代能源来看，电子设备、石化、化工、非金属、燃气发电行业无替代能源，其余行业均有替代或备用能源。其中，燃气发电的调峰性质使其可以中断，其余行业大多为连续生产行业，如停止供气，需要提前通知，便于企业做好应对准备。但部分行业由于连续生产，且无替代能源，比较突出的是石化行业，不能长期停气，否则将造成巨大的损失。

2. 可中断性与减停气后的生产保障

从可中断性来看，大多数行业均有备用能源与应对减停措施，但有少数行业因停气对产品品质造成不良影响，不能停气，如山东泉林的本色纸。还有部分企业，由于对地方经济发展影响重大，一般情况下必须保证不间断供气，如东风本田汽车公司。电子设备、石化、化工、非金属无替代能源，一般在减停气期间进行设备检修，以减少减停气对生产的影响。

综合上述相关行业分析，不难发现，大多数行业均属于连续生产行业，但在提前沟通的前提下，出现减停供天然气时，可以启动备用能源，继续维持生产。此外，燃气发电等用户具有可中断性，可以开发为可中断用户。对泉林纸业、东风本田汽车等必须保障的用户，需列供气保障方案。

（三）波动性

调研的14个行业中，大多数用户用气波动性与市场需求、温度、节假日、设备检维修等因素变化相关。各行业与四大因素的相关性如表 2-10 所示。

表 2-10 天然气用气行业所受波动影响因素

| 行业 | 市场需求 | 节假日 | 设备检维修 | 温度 |
| --- | --- | --- | --- | --- |
| 建材（陶瓷） | 存在销售淡旺季造成的需求波动，受房地产、国家基本建设及电网建设影响大 | | 一般多安排在节假日进行，时间持续 7 天左右 | 冬季每月比夏季每月用气多 5% |
| 建材（玻璃） | 根据市场对产品需求变化 | 24 小时不间断生产 | 一般 6—10 年维修一次，检修时间 1—3 个月 | 受季节温度影响，用气量轻微波动 |
| 有色金属 | 根据市场对产品需求变化 | 24 小时不间断生产 | 一般每年淡季进行检修，检修时间为 1 周左右 | 冬季每月比夏季每月用气多 10% |
| 机械 | 根据市场对产品需求变化 | 部分企业周末、节假日休息 | | 部分企业每月比夏季每月用气多 2 倍 |
| 电子设备 | 根据市场对产品需求变化 | 24 小时不间断生产 | 仅夏天进行锅炉检修，检修周期为 1 年，检修时间为 1 周，循环检修 | 冬季供暖，存在波动性 |
| 钢铁 | 受宏观经济景气程度、下游汽车和房地产等相关产业市场需求波动对用气波动性有较大影响 | 24 小时不间断生产 | 生产线每 3—5 年检修一次，5 年中修一次，10 年要完全停下来大修一次 | 冬天比夏天需要消耗多 3%～5% 的天然气 |
| 非金属 | 市场需求变化而波动。 | 24 小时不间断生产 | 每个星期都要安排对天然气燃烧装置进行检修，时间较短，对生产无影响 | |
| 服装与纺织 | 市场需求变化而波动，无明显规律 | 仅春节放假停产停止用气，其余时段用气平稳 | 每周定期切换检修，不对用气造成影响 | 气温对用气量影响可以忽略不计 |

续表

| 行业 | 市场需求 | 节假日 | 设备检维修 | 温度 |
|---|---|---|---|---|
| 烟草 | 市场需求平稳，波动小 | 周末用气量为工作日20% | 定期切换检修，不对用气造成影响 | 冬季每月比夏季每月用气多70% |
| 食品制造 | 节假日（如春节）对食品需求相对大，11—12月用气量比其他月份高出10%~15% | 仅春节放假停产停止用气，其余时段用气平稳 | 定期切换检修，不对用气造成影响 | 气温对用气量有一定影响，但具体规律无数据支撑 |
| 饮料制造 | 淡旺季分明：啤酒7—9月为销售旺季，11—次年2月为销售淡季；一般饮料销售淡季11—次年3月 | 日用气平稳 | | 啤酒夏季用气为冬季的5倍；乳制品冬季比夏季减少10%~20% |
| 造纸 | 根据市场需求变化而波动 | | | 冬季每月比夏季每月用气多20%~30% |
| 医药 | 根据市场需求变化而波动。 | | 检修周期为一月一次时间两天（康缘）；检修周期一年一次（华瑞） | 冬季每月比夏季每月份用气多10%~25% |
| 废弃材料回收 | 随处理废弃材料量变动 | 春节放假停产 | 设备检维修一般放在"五一""十一"等长假期间 | |

工业用户用气量波动与市场需求、节假日、设备检维修、温度四大因素相关。

市场需求。从上述行业的市场需求波动影响来看，大多数行业天然气需求波动直接受到市场需求波动的影响，其中饮料行业中的啤酒等存在显著的淡旺季，食品行业受到节假日影响显著。此外，燃气发电行业的用气量则根据电网负荷安排确定。

节假日。在提供相关数据的12个行业中，玻璃、有色金属、电子设备、石化、化工、钢铁、非金属、饮料制造业为24小时连续生产或用气平稳。食品制造、废弃材料回收、服装与纺织、机械行业周末或节假日放假，用气量产生一定的波动。烟草行业周末用气量显著减少，仅为工作日用气量的20%。

设备检维修。大部分行业的设备检维修多在销售淡季或节假日进行，检维修时间大多为一周左右，如陶瓷、有色金属、电子设备、废弃材料回收；部分行业在工作期间进行设备切换维修，不影响生产，如非金属、烟草、服装与纺织、食品制造行业；部分行业利用停气期间进行设备检维修，如化工、石化行业；少部分行业设备维修周期长，其中，钢铁行业3—5年检修一次，5年中修一次，十年要完全停下来大修一次，玻璃行业6—10年维修一次，检修时间1—3个月。

温度。温度对用气量的影响主要表现在冬夏季温差引起的用气量的变化。有确定数据的行业中，冬季比夏季用气量多3%～10%，如陶瓷、有色金属、钢铁行业；冬季比夏季用气量多10%～30%的行业有饮料制造、造纸、医药、乳制品行业；冬季比夏季用气量多50%的行业有机械、烟草行业，其中烟草行业冬季每月比夏季每月份用气多70%，机械行业部分企业每月比夏季每月份用气多两倍；啤酒行业与燃气发电行业的温度波动性具有特殊性，啤酒行业夏季用气为冬季5倍，燃气发电行业夏季与冬季均为用气高峰期。

综合上述分析，大多数工业行业用户用气受市场需求、节假日、设备检维修、温度等因素影响呈现明显的波动性规律。但也有少数行业，如啤酒、烟草、燃气发电、机械等行业的波动性与一般行业比较，有很大的差异，需要在用户管理上分别对待。

（四）价格敏感性

根据对14个工业行业用户的调研，其价格敏感性特征总结如表2-11所示。

表 2-11 天然气工业用户价格敏感性规律

| 行业 | 用气性质 | 产品类别 | 天然气占生产成本比例 | 价格承受能力 | 用气敏感性 |
|---|---|---|---|---|---|
| 建材 | 燃料 | 玻璃 | 33%～44% | 无测算 | 高 |
| 建材 | 燃料 | 陶瓷 | 10%～20% | 3～3.57元/立方米 | 低 |
| 电子 | 燃料 | 电子产品 | 0.02% | 无测算 | 低 |
| 机械 | 燃料 | 汽车、火车机车、发动机 | 0.2%～6% | 4.23～6.75元/立方米 | 低 |
| 有色金属 | 燃料 | 氧化铝 | 9.4% | 2～3.75元/立方米 | 低 |
| 有色金属 | 燃料 | 镁 | 8.54% | 2.7～3.8元/立方米 | 低 |
| 有色金属 | 燃料 | 铅锌 | 1% | 8元/立方米 | 低 |
| 非金属 | 燃料 | 太阳能电池 | 无数据 | 无测算 | 低 |
| 钢铁 | 燃料 | 普钢、特殊钢、钢铁加工制品 | 2%～10% | 强 | 低 |
| 服装 | 燃料 | 汽车织物 | 无数据 | 5.66元/立方米 | 低 |
| 烟草 | 燃料 | 卷烟 | 无数据 | 6元/立方米 | 低 |
| 食品制造 | 燃料 | | 10% | 3.57～6.75元/立方米 | 低 |
| 饮料制造 | 燃料 | 啤酒、牛奶一般饮料 | 0.8%～1.9%<br>4%～5% | 3.2～3.5元/立方米 | 低<br>低 |
| 造纸 | 燃料 | 本色纸、高档纸 | 0.88% | 强 | 低 |
| 医药 | 燃料 | 输液设备 | 10% | 3.57～6.75元/立方米 | 低 |
| 废弃材料回收 | 燃料 | 废弃回收材料 | 10%～12% | 2.4～6.75元/立方米 | 低 |

天然气在工业生产中的用途总体为燃料。从天然气占生产成本比例看，根据相关行业调查数据，大多数均为10%左右，包括电子、机械、有色金属、钢铁、食品制造、饮料制造、造纸、医药、废弃材料

回收，这些行业总体天然气价格承受能力强，最高价格承受能力在 3.5 元/立方米左右，个别经济效益高的行业最高价格承受能力达到 6~8 元/立方米，如有色金属、食品、医药、药草、废弃材料回收行业；建材行业中的玻璃、陶瓷与燃气发电行业天然气占生产成本比例高，分别为 33%~44%、10%~20%、60%~70%，上述行业对天然气价格承受能力有一定分化，如陶瓷行业的低端陶瓷价格承受能力弱，高端的艺术瓷、骨质瓷产品定价高，天然气价格承受能力强。

### 三、交通

交通的用气特征体现在用气的基础设施网络性、替代能源敏感性。

#### （一）基础设施网络性

天然气在交通领域应用，对基础设施网络化要求很高，加气站环节具有网络产业特点，需要 CNG 站、LNG 站建设呈现网络化，为天然气汽车提供加气网络，保障天然气供应，确保交通续航能力。

#### （二）替代能源敏感性

天然气在交通领域的利用对替代能源敏感性很高，源于交通领域利用对经济敏感性高，天然气相对于汽油、柴油等替代能源具有经济性时，易于在交通领域推广，反之，则推广难度大。此外，随着新能源汽车发展与电替代推行，终端的电动化对天然气在交通领域的推广利用增加了难度，导致 CNG 的发展进入瓶颈期，但由于新能源汽车现有续航能力有限，LNG 在重型卡车与长距离物流领域尚且还有一定市场空间，也是天然气交通领域发展的重点方向。

### 四、化工化肥

化工化肥的用气特征体现在用气的波动性、天然气价格敏感性。

化工行业主要调研用户为包括化肥（合成氨、尿素）、纯碱生产企业，属周期性行业，市场需求波动大，天然气成本占生产成本比例高，天然气价格承受能力弱，用气特征总结如下。

用气工艺特征：天然气在化工行业中主要应用于合成氨（中间产品）、尿素、纯碱等产品生产中的原料，主要用气设备为上述化工产品的反应装置，由于天然气在化工产品生产中作为原料使用，且都在高压下进行，因此对天然气气质气压均有特定要求。

用气定额特征：化工产品用气定额的差异主要与天然气保障程度及气价相关。合成氨用气定额为813～1150立方米/吨，尿素用气定额为523～676立方米/吨，纯碱用气定额为158～164立方米/吨。

用气波动性特征：第一，产品市场行情影响用气波动性。化工产品受经济景气状况和国际国内市场行情影响较大。一旦出现经济不景气和市场销售不畅，导致天然气使用出现较大波动。第二，设备检维修影响。化工企业一般在天然气公司停供气的时间内安排检修，化肥厂的用气装置的检维修安排均是三年一大修，运行中的局部维修对天然气需求影响不大。第三，温度变化对化工用户的影响表现在，化工用户一般在冬夏季用气高峰期间配合调峰而引起用气波动。

天然气价格敏感性：天然气在化工生产中主要作为原料，不具有替代能源，但天然气在化工产品生产中占上产成本比例高，如纯碱为30%，尿素为40%左右，化工企业天然气价格承受能力普遍不高，根据调研情况，除二硫化碳外，化工企业天然气价格承受能力为1.7～1.8元/立方米。

## 五、发电与分布式能源

发电与分布式能源的用气特征体现在用气的波动性、天然气价格敏感性。

燃气发电行业用气量大，调峰能力强，用气集中在夏季制冷与冬季供暖高峰期间，天然气用气成本占生产成本比例高达60%~70%，价格承受能力弱，用气特征总结如下。

用气波动性特征：燃气发电行业中，天然气主要作为燃料发电，用气设备为燃气轮机，压力要求为2兆帕~3.5兆帕。

用气定额特征：根据调研及测算，燃气发电用气定额为0.2~0.23立方米/千瓦时。

用气波动性特征：燃气发电行业的用气高峰期间主要在夏季制冷高峰（6月、7月、8月、9月）及冬季供暖高峰（11月、12月、1月、2月、3月），其余月份用气波动不大。

天然气价格敏感性特征：燃气发电行业中天然气用气成本占生产成本的60%~75%，由于燃气发电行业受上网电价影响，天然气价格承受能力弱。

总体来看，燃气发电行业用气量大，用气集中在夏季制冷与冬季供暖高峰期间，天然气用气成本占生产成本比例高达60%~70%，价格承受能力弱。

## 第七节　竞争

天然气市场营销的竞争主要表现为两大类竞争，一是同业竞争，二是天然气与电力、煤炭、石油、LPG、柴油、新能源等替代能源的竞争。

一、同业竞争

包括上游气源竞争与下游的终端竞争。

（一）上游竞争

从上游竞争看，目前中国上游气源供应以中国石油、中国石化、中国海油为主。根据行业数据，管道气以中国石油为主，LNG 以中国海油为主。但局部区域竞争状况有差异。

2019 年，国家进一步加强上游天然气市场化改革进程，中共中央办公厅、国务院办公厅印发《关于统筹推进自然资源资产产权制度改革的指导意见》、中央政府出台《中共中央国务院关于营造更好发展环境支持民营企业改革发展的意见》，都旨在推进矿业权竞争性出让、支持民企全面进入油气市场，进一步促进天然气市场主体多元化。此外，国家发展改革委、商务部发布《外商投资准入特别管理措施（负面清单）（2019 年版）》，取消了石油天然气勘探开发限于合资、合作限制。这意味着，中国石油天然气上游勘探开发将向外资敞开大门。目前看，中国天然气上游生产仍以"三桶油"为主（图 2-12）。

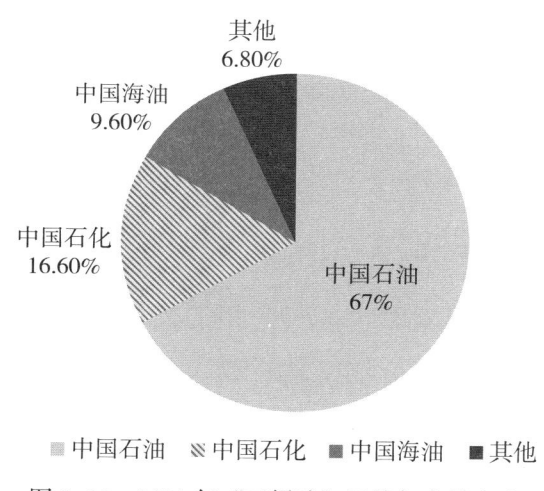

图 2-12　2021 年"三桶油"天然气产量占比

中国石油是中国最大的天然气生产商，其油气田主要分布在东北、西北和西部地区，如大庆、辽河、新疆、长庆、塔里木、四川等多个大型油气区。中国石化的油气勘探开发区块位于中国东部、西部和南部地区，其主要天然气田包括普光气田、大牛地气田、元坝气田和川西地区的气田等。中国海油是中国海上主要油气生产商，公司最主要的天然气产区是南海东部和南海西部海域。

（二）下游竞争

管网公司成立后，下游竞争将更加激烈。中国下游城市燃气公司有 3000 多家。其中，2021 年昆仑能源、中国燃气、新奥能源、华润燃气、北京燃气名列前五位，合计市场份额为 74%（图 2-13）。

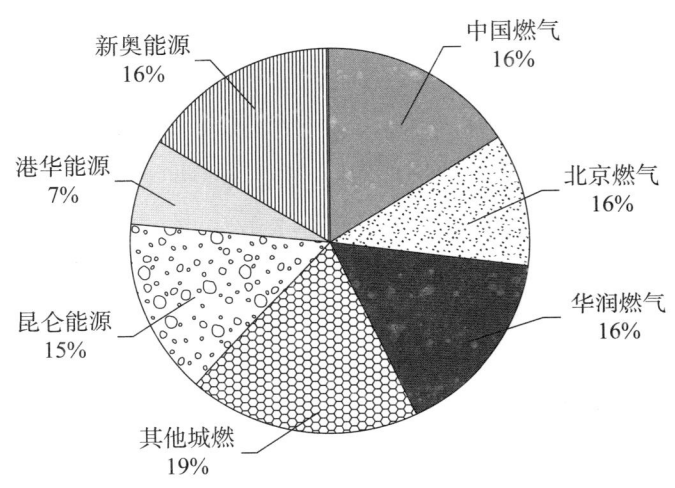

图 2-13　2021 年主要城市燃气公司市场份额

随着近年来国家针对城市燃气公司的监管越来越趋于严格，《国家发展改革委关于全面深化价格机制改革的意见》《关于加强配气价格监管的指导意见》《关于规范城镇燃气工程安装收费的指导意见》等政策，加强对城市燃气相关业务的监管，明确区域管网收益率不超过 7%、城镇燃气工程安装费的利润率不得超过 10%，城市燃气公司的收益率呈现下降趋势，为在未来的行业中生存发展，城市燃气头部企业加快兼并收购步伐，行业的集中度呈上升趋势。

2019 年 6 月，发展改革委发布《外商投资准入特别管理措施（负面清单）(2019 年版)》免去了"城市人口 50 万以上的城市燃气的建设、经营须由中方控股",对外资彻底开放天然气城市燃气投资,城市燃气行业实现全面放开。外资企业将加速探路中国市场,通过独资、参股、合作等方式发展城市燃气业务。同时上游企业积极发展终端城市燃气业务,延长石油和陕西燃气重组,开拓终端市场;中国石化成立长城燃气,进入城市燃气领域。城市燃气公司业务多元化发展,向上游延伸,开展LNG贸易、煤层气勘探开发等;发展综合能源服务,布局发电、新能源业务。未来城市燃气领域市场竞争将加剧。

## 二、替代能源竞争

替代能源竞争,主要是天然气与煤炭、石油、电、LPG在能源消费中存在的替代性竞争,主要表现在为有效应对市场竞争,需要采取相应的手段,根据吴刚强等(2016)的研究,天然气市场竞争手段主要包括9大方面,分别为产品、分销、价格、促销、服务、合资、关系、资源、创新(图2-14)。

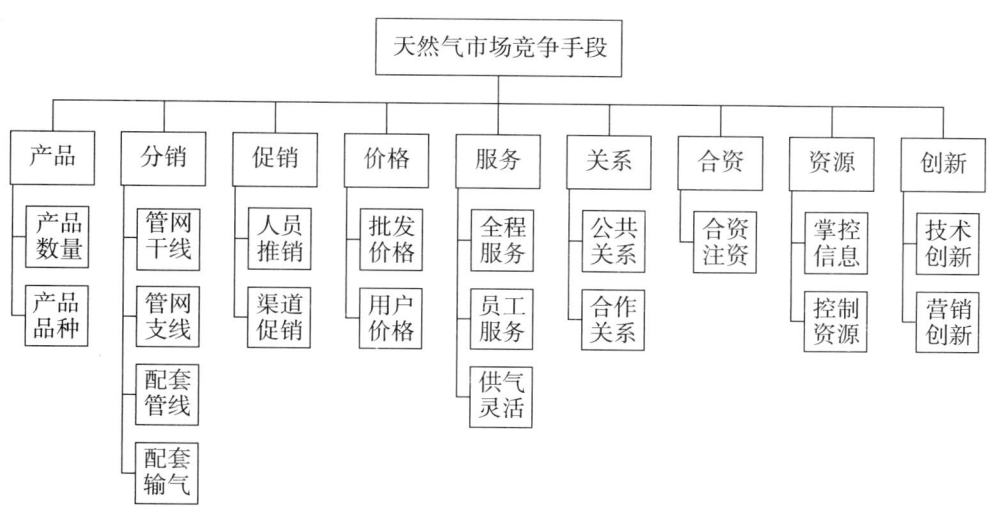

图2-14 天然气市场竞争手段
资料来源:《天然气技术与经济》。

根据调研与实证分析，天然气市场竞争手段的有效性排序：管网支线、公共关系、控制资源、管网干线、配套输气、用户价格、配套管线、技术创新、营销创新、掌控信息、全程服务、产品数量、员工服务、产品品种、合资注资、供气灵活、批发价格、合作关系、人员推销和渠道促销。

## 第八节　天然气国际贸易

天然气国际贸易包括跨国管道运输与 LNG 贸易。

### 一、跨国管道运输

2020 年全球管道气贸易量（包含区域内贸易量）为 4522 亿立方米，同比降低 10.9%。

#### （一）全球区域管道气出口量

2020 年北美洲管道气出口量为 1443 亿立方米，占全球管道气出口量的 32.6%，主要出口国家为加拿大和美国；中南美洲总计出口量为 62 亿立方米，占全球管道气出口量的 1.4%，主要出口国家为玻利维亚；独立体国家管道气出口量为 2595 亿立方米，占全球管道气出口量的 58.7%，主要出口国家为阿塞拜疆、俄罗斯、哈萨克斯坦、土库曼斯坦和乌兹别克斯坦；中东地区的管道气出口量为 77 亿立方米，占 1.7%，主要出口国家为伊朗和卡塔尔；非洲的管道气出口量为 261 亿立方米，占 5.9%，主要出口国家为阿尔及利亚和利比亚；亚太地区管道气出口量为 83 亿立方米，占全球管道气出口量的 1.9%，主要出口国家为印度尼西亚和缅甸（图 2-15）。

第二章 天然气市场影响因素

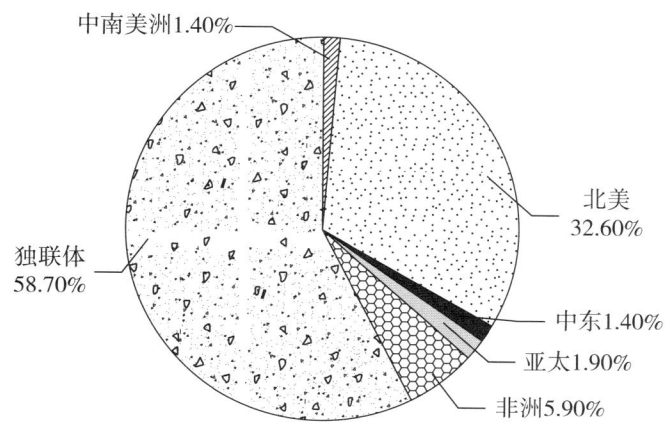

图 2-15 2020 年全球区域管道气出口量

资料来源：BP。

## （二）全球管道气出口主要国家

2020 年，管道气出口量最大的前两个国家分别为俄罗斯（1977 亿立方米）和美国（761 亿立方米）（图 2-16）。

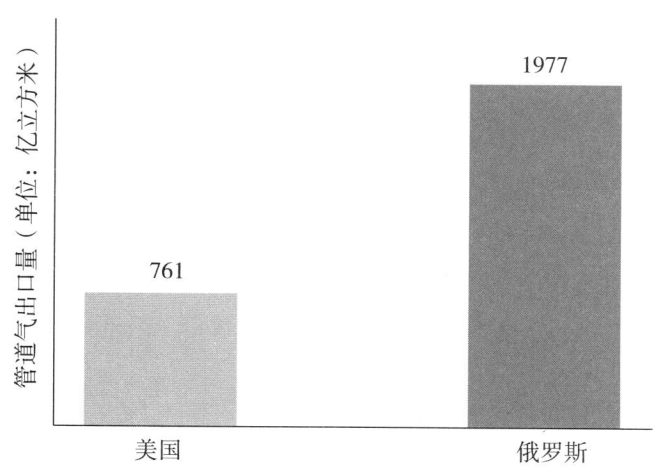

图 2-16 全球管道气出口主要国家

资料来源：BP。

## （三）全球区域管道气进口量

2020年北美洲管道气进口量为1443亿立方米，占全球管道气进口量的31.9%，主要进口国家为加拿大、美国和墨西哥；中南美洲总计进口量为63亿立方米，占全球管道气进口量的1.4%，主要进口国家为巴西；欧洲总计进口量为2113亿立方米，占全球管道气进口量的46.7%，主要进口国家为德国和意大利；独立体国家管道气进口量为377亿立方米，占全球管道气进口量的8.3%，主要进口国家为俄罗斯、白俄罗斯和哈萨克斯坦；中东地区的管道气进口量为11亿立方米，占0.2%；主要进口国家为阿联酋；非洲的管道气进口量为21亿立方米，占1.2%，主要进口国家为南非；亚太地区管道气进口量495亿立方米，占10.8%，主要进口国家为中国和新加坡（图2-17）。

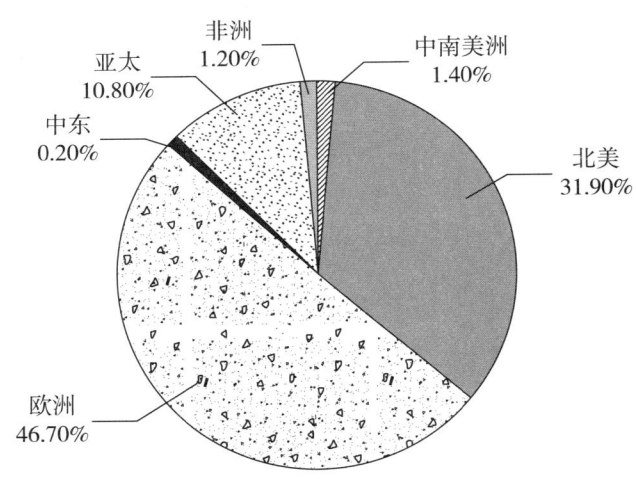

图2-17 2020年全球区域管道气进口量占比

资料来源：BP。

## （四）全球管道气进口主要国家

2020年，管道气进口量最大的前4个国家分别为德国（1052亿立方米）、美国（682亿立方米）、意大利（532亿立方米）和中国（451

亿立方米）（图 2-18）。

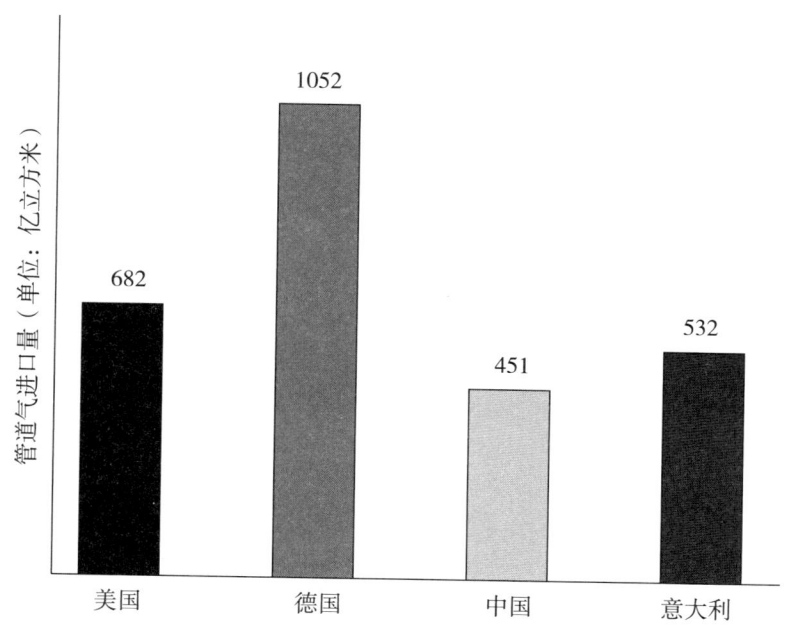

图 2-18　2020 年全球管道气进口主要国家
资料来源：BP。

## 二、国际 LNG 贸易

全球资源分布均衡以及产地和消费地的分离推动了国际天然气贸易。随着 LNG 生产、储存、运输技术的成熟，以及跨国天然气长输管线的大规模建成和互联互通，天然气贸易将会越来越活跃。天然气逐渐从区域性能源变成全球性能源。

### （一）全球天然气贸易量增幅放缓，LNG 贸易量增加

2020 年，因受到新冠肺炎疫情影响，世界天然气贸易量达 9401 亿立方米，同比增长 –5.3%；贸易量占世界天然气消费量的比例达到 32.7%，同比降低 7%。其中，管道气贸易量为 4522 亿立方米，同比降低 10.9%；LNG 贸易量为 4879 亿立方米，同比增长 0.6%，增速增加 3.17%。

从 LNG 贸易流向看，亚太地区是进口最大的两大区域，因此，从运输路线看，从中东与北美向两大区域运输 LNG 是出口的主要方向，按照运输线，需要通过马六甲海峡等地缘政治风险较高区域。

（二）全球天然气分地区进出口量

2020 年，欧洲和亚太地区是天然气主要进口地区。2020 年，亚太地区以 3849 亿立方米的进口量高居全球进口量首位，欧洲、北美地区、独联体地区分别以 3261 亿立方米、1490 亿立方米和 278 亿立方米紧追其后，合计占据全球市场份额的 94.4%（图 2-19）。

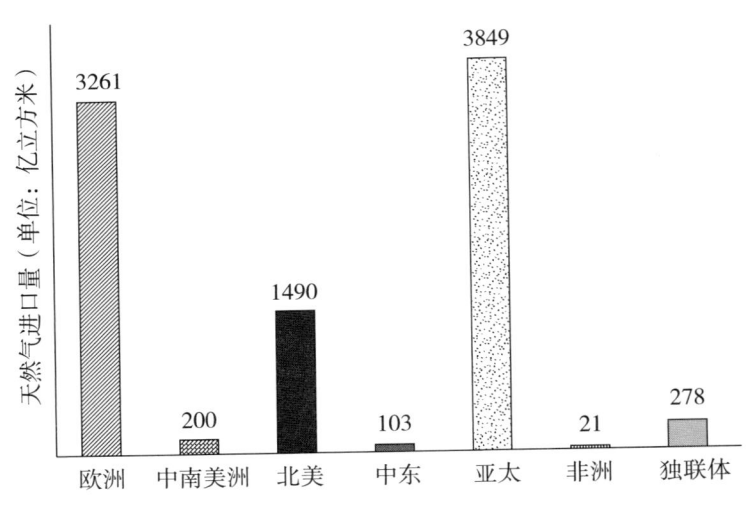

图 2-19　2020 年全球分地区天然气进口量

资料来源：BP。

2020 年，北美、亚太、中东、独联体和非洲天然气主要出口地区。2020 年，北美地区以 2057 亿立方米的进口量高居全球进口量首位，亚太地区、中东地区、独联体和非洲分别以 1856 亿立方米、1346 亿立方米、856 亿立方米和 825 亿立方米紧追其后，合计占据全球市场份额的 95.6%（图 2-20）。

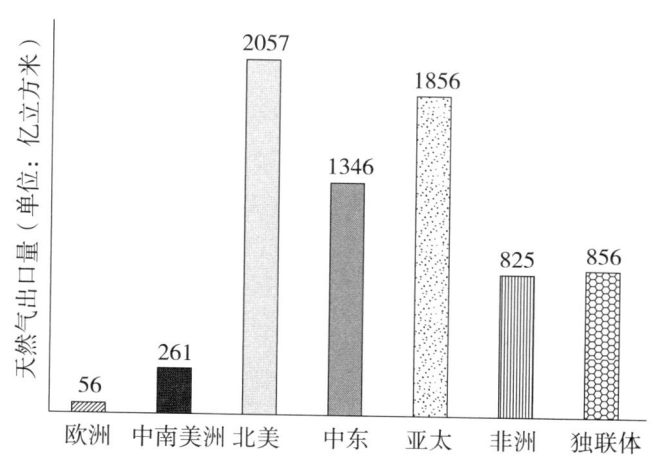

图 2-20　2020 年全球分地区天然气出口量

资料来源：BP。

## 第九节　区域消费特点

### 一、消费差异

消费差异主要表现在消费数量、结构与类别的差异。

从消费数量看，发达国家与部分天然气主要资源国家天然气消费数量较大。根据 BP2020 年世界能源统计年鉴看，主要消费国家集中在美国、中国、日本、德国等主要经济体与俄罗斯、伊朗等资源国（图 2-21）。

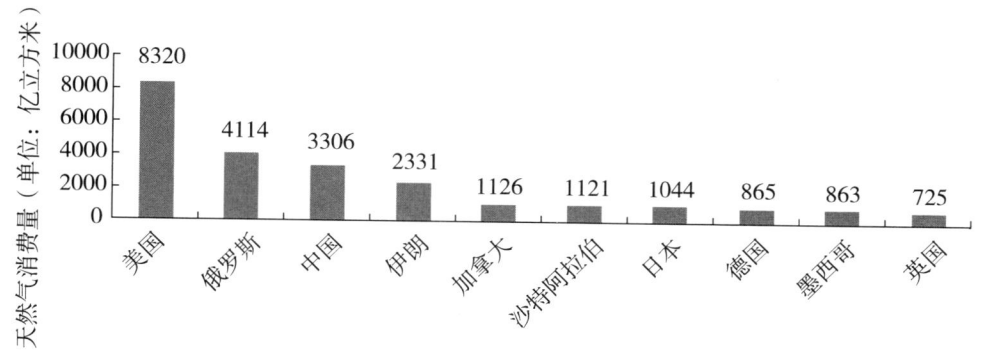

图 2-21　2020 年全球前 10 大天然气消费国

资料来源：BP。

消费结构看，不同国家在天然气利用结构上存在较大的差异，这一点既与发展阶段有关，也与能源政策、产业结构有关。如欧美日本以发电为主，中国以城市燃气、工业燃料为主。

从天然气消费类别看，有利用管道气为主的，建立了覆盖全国的统一天然气输送管道，如美国、俄罗斯，也有以进口LNG利用为主要的，如日本，还有管道气兼顾LNG的消费国，如中国，既有国产陆上管道天然气，也有进口管道天然气与LNG。

## 二、气候气温

根据城市燃气用气特征，气温对城市燃气需求影响较大。

从气温对城市燃气用气关系看，根据何春蕾等（2013）对成都地区城市燃气日负荷研究，存在趋势性与突变性。

从趋势性看，一般来说，城市燃气日负荷与气温呈负相关关系，并且在短时间内相同的气温具有相同的燃气日负荷。从突变性看，短期内极端气温对日负荷的剧烈影响，大多集中在低温取暖季节，主要包括积累效应和连续降温效应。气温累积效应是低温长期积累，引起用气习惯改变，从而使得日负荷急剧上升的影响效果；连续降温效应则主要是指短期内气温连续下降，燃气日负荷反应滞后，几天后才迅猛增长的影响效果。

根据历史数据对成都地区气温的突变性影响研究发现：当气温低于12℃时，连续3日内气温平均每日降低2℃，燃气日负荷额外增加10%（图2-22）。

日内气温对城市燃气需求影响在季节上则体现为显著的季节消费差距。一般来说，每年的冬季需求量最大，2020年冬季天然气表观消费量占全年表观消费量的28%，而中国天然气库存每到冬季下降较为明显，受补库存需求的影响，每年冬季天然气进口量大幅增加，2021

# 第二章 天然气市场影响因素

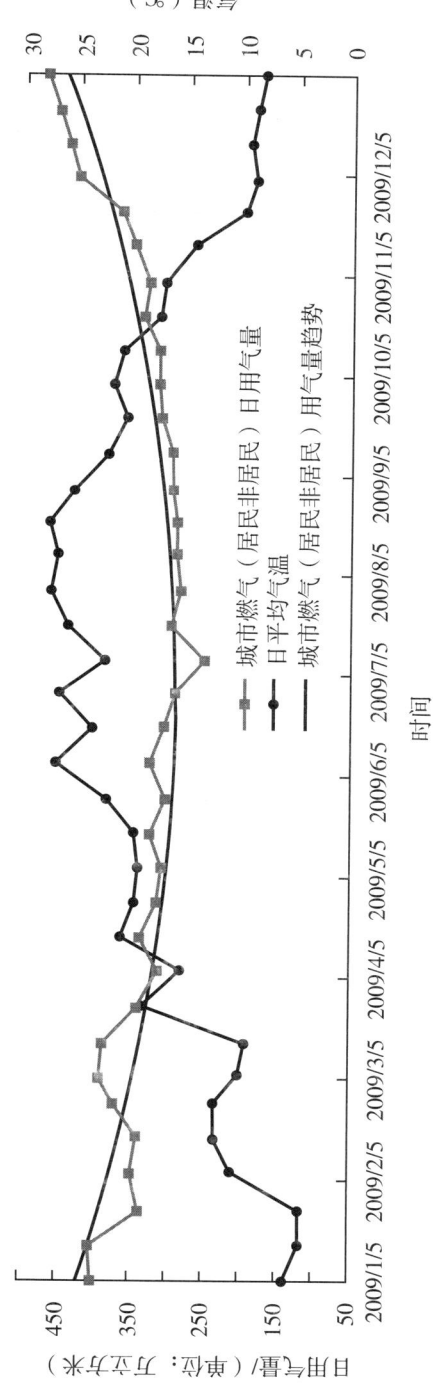

图 2-22 成都地区气温与城市燃气日负荷关系图

资料来源：天然气工业。

年 1 月达到 1157 吨，为历史最高位（图 2-23）。在天然气需求逐年走高的大趋势下，2021 年冬天的天然气需求或达新高。

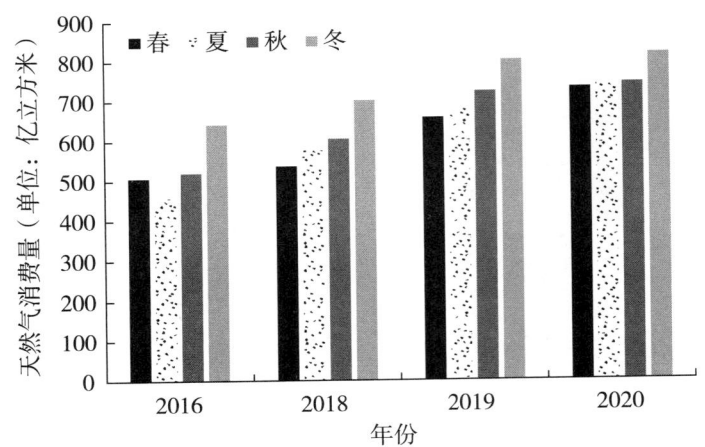

图 2-23　2016—2020 年中国天然气季节消费量
资料来源：国家统计局。

# 第三章 天然气市场需求预测方法与应用

国内外研究机构通过各种建模方法,在定量研究天然气用户需求量上做了一定的探索,主要包括:时间序列模型、指数平滑模型、小波分析模型、灰色模型、回归分析模型、人工神经网络模型、抽样分析模型等,这些建模方法大体上分为两类:第一类方法是根据用气量的历史数据,考察其随时间发展变化的规律,建立模型进行分析研究(以时间序列模型为代表);另一类方法则考虑了影响天然气用户用气量变化的各种因素,认为天然气用户用气量的变化是多种因素相互影响、相互作用的结果(以回归分析模型为代表)。

## 第一节 天然气市场需求预测方法与比较

一、天然气预测方法分类

根据天然气用户的用气特性及预测条件和精度要求,可以将需求预测分为以下三种类型:

(一)定性预测

定性预测属于主观判断,它基于估计和评价。常见的定性预测方法包括:市场调研法、历史类比法、德尔菲法等。

1. 市场调研法

市场调研法指运用科学的方法，有目的、有系统地搜集、记录、整理有关市场的信息和资料，分析市场现状及其发展趋势，为决策提供客观、正确的资料。

2. 历史类比法

历史类比法是指由事物现状所具有的特性，与其历史情况相比，推测该事物未来发展趋势，其结论可以通过实验来检验。

3. 德尔菲法

德尔菲法是采用背对背的通信方式征询专家小组成员的预测意见，经过几轮征询，使专家小组的预测意见趋于集中，最后做出符合市场未来发展趋势的预测结论。该方法依据系统的程序，采用匿名发表意见的方式，即团队成员之间不得互相讨论，不发生横向联系，只能与调查人员发生联系，反复填写问卷，以集结问卷填写人的共识及搜集各方意见，可用来构造团队沟通流程，应对复杂任务难题的管理技术。

（二）时间序列分析

时间序列分析是建立在这样一个设定基础上的，与过去需求相关的历史数据可用于预测未来的需求。历史数据可能包含诸如趋势、季节、周期等因素。常见的时间序列分析方法要有：简单移动平均、加权移动平均、指数平滑法、鲍克斯·詹金斯法、西斯金时间序列等。

1. 简单移动平均

简单移动平均是在算术平均数的基础上，通过逐项分段移动，求得下一期的预测值。

2. 加权移动平均

加权移动平均法是在计算移动平均数时，不同地对待各时间序列的数据，给近期的数据以较大的比重，使其对移动平均数有较大的影响，从而使预测值更接近于实际。这种方法就是对每个时间序列的数据插上一个加权系数。采用加权移动平均法进行预测的结果比一次移动平均法更能接近实际。越接近预测期的权数越大,对预测值的影响也越大。

3. 指数平滑法

指数平滑法是给近期的观察值以较大的权数,给远期的实际值以较小的权数,使预测值既能较多地反映最新的信息,又能反映大量的历史资料的信息,从而使预测结果更符合实际。

(三)因果联系

因果联系是假定需求与某些内在因素或周围环境的外部因素有关。常见的因果联系法主要有:回归分析、经济模型、投入产出模型等。

1. 回归分析

回归分析是一种广泛应用的定量预测方法。它的基本思路是分析预测对象与有关因素的相互联系,用适当的回归预测模型表达出来,然后再根据数学模型预测其未来状态。

2. 经济模型

经济模型是一种分析方法,它极其简单地描述现实世界的情况。现实世界的情况是由各种主要变量和次要变量构成的,非常错综复杂,因而除非把次要的因素排除在外,否则就不可能进行严格的分析,或使分析复杂得无法进行。经济模型是通过做出某些假设,可以排除许多次要因子,从而建立起模型。这样一来,便可以通过模型对假设所规定的特殊情况进行分析。其本身可以用带有图表或文字的方程来表示。

3. 投入产出模型

投入产出数学模型是通过编制投入产出表,运用线性代数工具建立数学模型,从而揭示国民经济各部门、再生产各环节之间的内在联系,并据此进行经济分析、预测和安排预算计划。按计量单位不同,该模型可分为价值型和实物型。

## 二、天然气预测方法比较和选择

为了有效利用已有用户用气量历史数据，可以以这些用户历史数据为基础，尽量选用简单、有效的方法建立用户需求量预测模型，既提高用户数据库的利用率，又为营销和调度部门制定销售方案提供便利条件和参考数据。

天然气需求预测方法的比较如表3-1所示。在对比人工神经网络方法、灰色预测方法、指数平滑法等算法实用性和参数复杂性的基础上，同时在查询、验证这些算法相关资料的基础上，得知这些算法在一定的条件下、在复杂的参数设计下可以有较高的精度，但求解过程、调节参数和所需对象信息过于复杂，精度差，不适用于用户需求预测。

表 3-1　天然气需求预测方法比较

| 序号 | 预测方法 | 优点 | 缺点 | 适用范围 | "重点用户需求量"适应情况 |
|---|---|---|---|---|---|
| 1 | 参数法 | （1）方法简单易行；（2）应用较为普遍 | 计算的准确性取决于对用气定额的精确把握 | 适应中短期预测 | 适用 |
| 2 | 移动平均法 | （1）方法简单易行；（2）应用较为普遍 | （1）会出现滞后偏差；（2）没有考虑时间先后对预测值的影响 | 适宜应用短期预测 | 适用 |
| 3 | 指数平滑法 | （1）计算方法比较简便实用；（2）利用上期的实际数和预测数便可计算本期的预测数 | 外推性的不足 | 适宜应用短期预测 | 不适用 |
| 4 | 趋势外推法 | （1）不对数据中的随机成分作统计分析；（2）简单实用，关键在于充分利用历史数据判断出数据具有何种趋势 | 通常需要积累和掌握历史统计数据，预测结果与实际值偏差较大 | 用于中长期和短期预测 | 适用 |

第三章 天然气市场需求预测方法与应用

续表

| 序号 | 预测方法 | 优点 | 缺点 | 适用范围 | "重点用户需求量"适应情况 |
|---|---|---|---|---|---|
| 5 | 季节变动法 | （1）计算简单，克服了移动平均法需要数据存储大的缺点；（2）对具有趋势变动和季节变动两种因素的时间数列，可进行预测 | （1）比较机械，不易灵活掌握；（2）对信息资料质量要求较高 | 用于短期预测 | 适用 |
| 6 | 自回归—移动平均模型（ARMA） | （1）解决了时间序列的平稳性、随机性和季节性；（2）在对时间序列分析的基础上选择适当的模型进行预测 | 要求具有具体的关系形式，限制了该方法的逼近能力 | 适用于短期预测 | 适用 |
| 7 | 回归分析法 | （1）预测结果比较可信，能给出预测结果的置信区间和置信度；（2）能运用有关的数理统计方法对回归方程进行统计检验 | （1）认为各数据对预测对象的影响程度相同，不符合实际；（2）回归变量选取时的主次要因素在实际建模时较难把握 | 适用于天然气中长期预测 | 适用 |
| 8 | 弹性系数预测法 | （1）计算过程简单、方便；（2）考虑了天然气消费量变化与经济增长量变化的关系 | 预测的弹性系数估计值难以确定 | 适于宏观层面天然气中长期需求预测 | 不适用 |
| 9 | 能源强度法（能源消费比例法） | （1）计算过程简单、方便；（2）考虑了天然气需求与经济发展的关系 | （1）参数获取难度较大；（2）对企业层面的预测效果较差 | 适于宏观问题中长期预测 | 不适用 |
| 10 | 灰色预测方法 | （1）所需数据量不大；（2）不必考虑历史数据的分布规律；（3）方法简便易行且预测精度较高 | （1）预测误差随历史数据的离散程度增大而增；（2）预测的时间越长，误差越大 | 适用于天然气中长期预测 | 适用 |
| 11 | 人工神经网络预测方法 | （1）具有高度的非线性运算和映射能力、自学习和自组织能力、高速运算能力；（2）能以任意精度逼近函数关系、高度灵活可变的拓扑结构及很强的适应能力 | （1）模型建成后不易修改，不能利用最新的数据对原有的参数进行修正；（2）预测人员无法参与预测过程；（3）预测过程复杂 | 适用于天然气中预测 | 适用 |

综合比较，短期需求预测模型选择参数法、回归分析法、移动平均法和算术平均法，长期预测选择回归分析法。在建模过程中，结合实际需要，对这两类方法进行改进，同时通过分析不同类型用户的用气量历史数据，找出用气量数据的规律，尽量以简单、可行的预测方法和思路建立各类用户的需求预测模型，预测各类用户的年用气量、月和用气量。

## 第二节 天然气用户需求预测模型建立与实证

本节与第三节以应用比较普遍的参数法预测天然气需求，基于历史数据，确定需求影响因素与参数取值，应以数据较完整的 LZ、WLMQ 两市为例，计算城市燃气、ＣＮＧ用气需求。

### 一、天然气用户需求量影响因素分析

（一）居民用户

影响居民用户需求量的因素可以归结为政策与替代能源及价格、国民经济发展（包括 GDP、城镇化率、人口数量、消费水平等）、节假日、供应保障度、气温等。其中，政策及价格因素中能源政策把城镇燃气作为优先保障类，这只是对天然气利用起到指导作用，对居民用户用气量本身不构成直接影响，同时，城市燃气关系民生，供应得到最大的保障，因此，能源政策及供应保障度对城市燃气的影响不大；替代能源及价格影响因素对城市燃气用气量影响也有限，因为无论按等热值价格还是兼顾考虑热效率和竞争效应，天然气都是城镇居民生活中廉价的能源品种。经济因素与城市燃气用量相关系数较大，主要因为一个区域的经济因素，如人口、城镇化率、消费水平等都反映了一定的燃气用量需求。但是由于一个地区经济发展具有连续性，所以

在年或季节的预测中应考虑该因素,在短期的燃气需求中它们的影响不大。行为习惯对城市燃气用气量的影响也很有限。

因此,在考虑城市燃气供应得到保障的大前提下,影响中、长周期居民用户用量的因素有人口、国民收入、气温等;影响短期城市燃气用量的主控因素是气温。

**(二)工业燃料用户**

工业用户用气一般具有连续性特征,但其连续性的特点有较大差异,其中,陶瓷、燃气发电属非连续生产行业,其余的钢铁、石化、化工、有色金属等行业属于连续生产行业,其用气在一般情况下不能中断。影响工业用户用气量的因素主要有市场景气程度、生产连续性、节假日、设备检维修和气温等。

1. 市场景气程度

大多数工业用户的天然气用气量与企业自身产品的市场需求波动呈正相关关系,即企业产品市场需求量大,企业天然气用气量也大,企业产品市场需求量小,其天然气用气量也相应减小。而企业产品市场需求又主要受国家宏观经济、下游市场需求的影响。

2. 生产连续性

玻璃、有色金属、电子设备、石化、化工、钢铁、非金属、饮料制造等工业用户为 24 小时连续生产或倒班生产,因此用气较平稳,不受节假日影响。食品制造、废弃材料回收、服装与纺织、机械等工业用户周末或节假日放假,用气量产生少量的波动。

3. 检维修

大部分工业用户的设备检维修基本都安排在销售淡季或节假日进行,检维修时间也大多为一周左右,如陶瓷、有色金属、电子设备、废弃材料回收;部分工业用户在工作期间进行设备切换维修,不影响生产,如非金属、烟草、服装与纺织、食品制造行业;也有部分工业用户利用停气期间进行设备检维修，如化工、石化行业；少部分工业用户设备维修周期长，其中，钢铁行业 3～5 年检修一次，5 年中修一次，10 年要完全停下来大修一次，玻璃行业 6～10 年维修一次，检修时间 1～3 个月。

4. 气温

气温对用气量的影响主要表现在冬季和夏季温差引起的用气量的变化，以及少数极端气温变化。由于冬季气温比较低，使用天然气做燃料的企业冬季要保持同样的温度需要比夏季消耗更多的天然气，一般比例为冬季比夏季用气量多 3%～10%，如陶瓷、有色金属、钢铁行业。

（三）工业原料用户

影响化工化肥用户用气量的主要因素是政策和价格，2017 年《天然气利用政策》中将天然气化工列为限制类发展项目，也就是对已建用气项目，维持供应现状；对在建或已核准的用气项目，若供需双方已签署长期供用气合同，按合同执行；禁止新建或扩建天然气制甲醇项目和天然气代煤制甲醇项目（表 3-2）。

表 3-2 天然气利用顺序表

| 序号 | 利用顺序 | 利用领域 | 天然气应用范围 |
| --- | --- | --- | --- |
| 1 | 优先保障类 | 城市燃气 | 1. 城镇居民用气<br>2. 城镇商业用气<br>3. CNG 汽车用气 |
| 2 | 重点发展类 | 工业燃料 | 1. 工业领域中以天然气代油、LGP 项目<br>2. 工业领域中环境效益和经济效益较好的以天然气代煤气项目<br>3. 工业领域中可中断的用户 |
| 3 | 限制类 | 天然气发电 | 非重要用电负荷中心建设利用天然气发电项目 |
| 4 | 禁止类 | 天然气化工 | 1. 新建或扩建天然气制甲醇项目<br>2. 以天然气代煤制甲醇项目<br>3. 以大、中型气田所产天然气为原料建设 LNG 项目 |

## （四）CNG 用户

CNG 主要用于汽车燃料，且鉴于中国天然气紧缺的原因，私家车不再进行 CNG 改装，因此 CNG 主要用于出租车、公交车等公共交通汽车燃料。故 CNG 用户用气量主要跟出租车、公交车等公共交通汽车的保有量相关。

随着中国对环境问题的日益重视，天然气汽车必将得到逐步推广和普及，天然气汽车的数量将呈逐年增长的趋势，因而其年用气量也具有增长的趋势性。月用气量在一年内总体上呈上升趋势，同时还有一定的随机性。日用气量受作息时间、工作日、公休日的影响，呈现出以 7 天为周期的变化规律，同时与汽车加气站每天的班制有关。

## （五）采暖用户

影响采暖用户需求量的因素可以分为单位面积耗热量、供暖方式、散热方式和燃气锅炉热效率等。

### 1. 单位面积耗热量

单位面积耗热量是建筑物在室内外计算温度条件下，单位时间、单位建筑面积所消耗的热量，它是根据建筑物热量平衡得出的。单位面积耗热量越大，说明建筑物的失热量越多，因此要保持室内的计算温度，需要向室内提供的热量也越多，耗费的燃气量就越多。影响单位面积耗热量的因素很多，也很复杂。既有建筑物的外部条件，如天气情况、风力、风向、朝向、楼层位置等，也有建筑物的内部条件，如结构形式、材料、墙体厚度、密封情况等。

### 2. 供暖方式

供暖方式分为连续供暖和间歇供暖。连续供暖时，燃气锅炉在室温控制器控制下工作，使室温达到用户要求的温度。由于室外温度在 24 小时内是变化的，供暖的热量也随着变化。当室外温度较高时，用于供暖的燃气耗量也相应较少。在一昼夜中，白天室外温度相对较高，室内向室外传出去的热量较少,以及由于墙体具有很大的热惰性,白天即使停止或减少供热,室内温度也不会下降得很多。因此,用户可以采用间歇供暖的方式,即白天燃气锅炉不工作,而夜间燃气锅炉正常工作;或是在一天中,按预先设置的几个时间段进行工作。采用这种供暖方式,室内温度昼夜会有波动,平均室温要降低。资料表明,间歇供暖的耗气量要低于连续供暖。

3. 散热方式

采用铸铁散热器或钢制散热器时,主要依靠对流换热作用,将其附近的空气加热,造成室内空气循环,将热量传至室内各处。影响散热量的因素有两方面:一是散热器本身的性能,如它的材料、形状、壁厚和表面处理等;二是它的使用条件,如流过散热器热水的温度、流量、进出水方式、房间里空气温度和流速、墙面温度、散热器安装方式、组装片数等。

4. 燃气锅炉热效率

燃气锅炉热效率是燃气燃烧效率和炉内传热效率的综合效率。因此影响该热效率的因素既有燃气的性质、燃烧的火焰状况及温度、过剩空气量等,也有受热面材料、形状、尺寸及与焰面距离、烟气流动状况等。燃气锅炉热效率对供暖耗气量有直接影响。如果燃气锅炉热效率由85.7%提高到90.7%,则可以节省燃气达5.5%。如果采用高效的燃烧设备,例如冷凝式、浸没式或脉冲式燃气锅炉(热效率均可达到95%以上),那么节省的燃气费用会更多。

另外,用于单户供暖的燃气锅炉一般有快速式和容积式两种。通常,快速式燃气锅炉的热效率要高于容积式。由于快速式燃气锅炉内没有储水箱,热水系统中的水容量相对于容积式的要小。因此,快速式燃气锅炉启动后,水的升温速度比较快。这样,当采用间歇供暖时,宜使用快速式燃气锅炉。

## 二、天然气用户需求预测模型的建立

### （一）居民用户

居民用气主要是以天然气为燃料用于炊事及生活热水，涉及城市的千家万户居民，情形比较复杂，用气不均匀性显著。

年用气量具有趋势性。在相当长的时期内，随着各城市人口数的递增，住宅水平逐步提高，用户数量呈递增趋势，家用燃气快速热水器逐步普及，单机容量逐步扩大，耗热指标响应提高。由于天然气气源的充足供应及价格的趋于合理，会有越来越多的用户由用电改为用天然气。

月用气量呈现以 12 个月为周期的周期性变化。由于环境温度、气候条件、生活习惯等因素的影响，冬季用气量大。

居民生活的用气量在 5 个工作日和 2 个休息日略有不同，在一个月内以 7 天为周期重复再现。从全年来看，日用气量又具有随季节和温度变化的趋势性和受不确定因素影响的随机性。

小时用气量受气候条件、环境温度、作息时间、生活习惯等因素的影响，不均匀性较为突出。在一天之内一般会出现早、中、晚三个高峰和上午、下午、深夜三个低谷。所以，小时用气量具有以 24 小时为周期的高峰、低谷变化趋势。

计算某地区居民用户用气量时，需要确定该地区用气人数。居民用气人数取决于城镇居民人口数和气化率。城镇居民气化率是指城镇用气人口数占城镇总人口数的百分数。一般由于城镇中存在着新建住宅、采用其他能源供应方式的建筑以及不适于供气条件的旧房屋或居民点离管网过远等情况，城镇居民的气化率很难达到 100%。

根据居民生活用气量指标、居民总数、气化率，可构建数学模型来测算居民用户用气量。

$$Q = Nkq$$

式中，$Q$——居民用户用气量，立方米；

$N$——居民人口数，人；

$k$——气化率，%；

$q$——居民用户用气量指标，立方米/人。

本公式中，用气量 $Q$ 可以理解为年度、月度或某日的用气量，用气指标 $q$ 为对应时段的指标。本模型可根据所取用气指标的时间段预测对应时段的用气量。

（二）工业燃料用户

根据前面分析，工业用户的用气量的影响因素较多，但主要的因素为工业用户类型，即工业用户使用天然气制造什么产品。工业用户的用气总量就是该地区各类工业用户用气量的总和。

$$Q = \sum_{i=1}^{n} Q_i$$

式中，$Q$——工业用户用气量，立方米；

$Q_i$——第 $i$ 类工业用户用气量，立方米。

计算第 $i$ 类工业用户用气量 $Q_i$ 可以从该类用户的用气特性来考虑。参考《天然气工业用户用气特性研究》中对工业用户的分类及各类用户单位产品的用气量，我们得出：

$$Q_i = Q_{ci} q_i$$

$$Q_{ci} = \sum_{j=1}^{n} Q_{cij}$$

式中，$Q_{ci}$——第 $i$ 类工业用户产量；

$q_i$——第 $i$ 类工业用户单位产品的用气量；

$Q_{cij}$——第 $i$ 类工业用户第 $j$ 家企业产量。

注意，公式中单位的确定需要根据该类用户常用产量单位确定。各类工业用户单位产品耗气量可参考表 3-3。

表 3-3 各类工业用户单位产品耗气量

| 大类 | 小类 | 单位 | 单位产品耗气量 |
|---|---|---|---|
| 陶瓷 | 建筑陶瓷 | 立方米/平方米 | 3.5 |
| | 卫生陶瓷 | 立方米/件 | 10 |
| | 生活陶瓷 | 立方米/吨 | 1200 |
| | 电瓷 | 立方米/吨 | 600 |
| | 特种陶瓷（陶瓷棍棒） | 立方米/支 | 1.8 |
| 玻璃 | 浮法玻璃 | 立方米/重量箱 | 10～15 |
| | 玻璃酒瓶 | 立方米/只 | 0.07～0.12 |
| 有色金属 | 氧化铝 | 立方米/吨 | 90～120 |
| | 电解铝 | 立方米/吨 | 80～100 |
| | 铝加工 | 立方米/吨 | 310 |
| | 镁制品 | 立方米/吨 | 3000 |
| | 铅锌冶炼 | 立方米/吨 | 25 |
| | 钨粉生产 | 立方米/吨 | 300 |
| | 铜冶炼 | 立方米/吨 | 36 |
| | 镍合金 | 立方米/吨 | 461 |
| 耐火材料 | 普通耐火材料 | 立方米/吨 | 175～200 |
| | 高级耐火材料 | 立方米/吨 | 220 |
| | 高级纯镁砂 | 立方米/吨 | 75～90 |
| | 镁钙砖 | 立方米/吨 | 50～60 |
| | 轻烧镁砂 | 立方米/吨 | 120 |
| 通用设备 | 炼钢 | 立方米/吨 | 35 |
| | 电炉 | 立方米/吨 | 1900 |
| | 水压机 | 立方米/吨 | 1485 |
| | 锻压 | 立方米/吨 | 1418 |
| | 热处理 | 立方米/吨 | 158 |

续表

| 大类 | 小类 | 单位 | 单位产品耗气量 |
| --- | --- | --- | --- |
| 通用设备 | 电炉 | 立方米/吨 | 443 |
| | 铸钢 | 立方米/吨 | 709 |
| | 金结 | 立方米/吨 | 58 |
| | 核电容器 | 立方米/吨 | 310 |
| 钢铁 | 中厚壁钢管、汽车造船用钢等综合 | 立方米/吨 | 10 |
| | 各种钢件、镀锌板、板材、棒材和彩涂板等综合 | 立方米/吨 | 25~55 |
| | 石油管材、轧钢等 | 立方米/吨 | 85 |
| | 高端无缝钢管 | 立方米/吨 | 260 |
| 非金属 | 太阳能电池板 | 立方米/兆瓦 | 310 |
| | 玻璃纤维 | 立方米/吨 | 270 |
| 服装纺织 | 服装 | 立方米/吨 | 350~500 |
| | 纺织 | 立方米/千米 | 56 |
| 烟草 | 香烟 | 立方米/万支 | 0.8~1 |
| 食品制造 | 方便食品 | 立方米/万箱 | 37 |
| | 休闲食品 | 立方米/吨 | 9.2 |
| 饮料 | 啤酒 | 立方米/吨 | 30 |
| | 一般饮料 | 立方米/万箱 | 1230 |
| | 乳制品 | 立方米/吨 | 18 |
| 造纸 | 造纸业 | 立方米/吨 | 19 |
| 医药 | 注射剂 | 立方米/万袋 | 180 |
| 废旧材料回收 | 废旧电池 | 立方米/吨 | 566 |
| | 废矿物油 | 立方米/吨 | 16 |
| | 含铜废物 | 立方米/吨 | 95 |

## （三）工业原料用户

化工化肥用户企业一般用户数不多，但以天然气为原料的化工化肥企业生产规模一般较大，因而每家化工化肥企业用气量较大。而化工化肥用户属于国家《天然气政策》限制发展类项目，故用户数量与用气量的发展空间不会很大。因此，在计算某地区天然气化工化肥用户用气量时可采取简单加和的方式。

$$Q = \sum_{i=1}^{n} Q_i$$

式中，$Q$——化工化肥用户用气量，立方米；

$Q_i$——第 $i$ 家化工化肥用户用气量，立方米。

化工化肥用户还可以采取工业用户类似的预测方式来构建预测模型，即根据化工化肥企业生产产品不同，单位产品用气量也不同的客观事实，先计算出生产各种产品需要的用气量后再加和得出总用气量。

$$Q_i = Q_{ci} q_i$$

式中，$Q_{ci}$——第 $i$ 种化工化肥产品产量；

$q_i$——第 $i$ 种化工化肥产品的单位产品用气量。

各类化工化肥产品耗气量如表 3-4 所示。

表 3-4　单位化工化肥产品用气量

| 产品 | 单位 | 单位产品耗气量 |
| --- | --- | --- |
| 合成氨 | 万吨/万立方米 | 880～1120 |
| 尿素 | 万吨/万立方米 | 660 |
| 氮肥 | 万吨/万立方米 | 310 |
| 氯化铵 | 万吨/万立方米 | 14 |
| 磷酸氢钙 | 万吨/万立方米 | 26 |
| 四氯乙烯 | 万吨/万立方米 | 700 |
| 纯碱 | 万吨/万立方米 | 980 |
| 甲醇 | 万吨/万立方米 | 980 |
| 二硫化碳 | 万吨/万立方米 | 520～640 |

## （四）CNG 用户

CNG 主要用于天然气汽车，主要为出租车和公交车，还有部分私家车及其他社会车辆。预测 CNG 用户用气量主要根据当地 CNG 汽车保有量及汽车行驶里程和百公里耗气量。

$$Q = Q_1 + Q_2 = n_1 q_1 l_1 + n_2 q_2 l_2$$

式中，$Q$——CNG 汽车用气需求，立方米；

$Q_1$——公交车用气需求，立方米；

$Q_2$——出租车、私家车等小型汽车车用气需求，立方米；

$n_1$——公交车保有量，辆；

$n_2$——出租车、私家车等小型汽车保有量，辆；

$q_1$——公交车百公里耗气量，立方米/百千米；

$q_2$——出租车、私家车等小型汽车百公里耗气量，立方米/百千米；

$l_1$——公交车行驶里程，百千米；

$l_2$——出租车、私家车等小型汽车行驶里程，百千米。

## （五）采暖用户

### 1. 理论依据

冬季采暖通风系统热负荷，应根据建筑物散失和获得的热量确定，主要包括：围护结构的耗热量；加热门窗缝隙渗入室内的冷空气的耗热量；加热门、孔洞及相邻房间侵入的冷空气的耗热量；水分蒸发的耗热量；加热由外部运入的冷物料和运输工具的耗热量；通风耗热量；最小负荷的工艺设备散热量；热管道及其他热表面的散热量；热物料的散热量和地板散热量；通过其他途径散失或获得的热量。

在最新的 GB 50019—2003《采暖通风与空气调节设计规范》中，对建筑冬季采暖通风系统的围护结构的基本耗热量的计算公式为：

$$Q = aFK(T_n - T_{wn})$$

式中，$Q$——围护结构的基本耗热量，千卡/小时（1卡约为4.18焦耳）；

$F$——围护结构的面积，平方米；

$K$——围护结构的传热系数；

$T_{wn}$——采暖室外计算温度，℃；

$a$——围护结构温差修正系数；

$T_n$——冬季室内计算温度，℃。

此耗热公式中主要考虑了围护结构的面积及其传热系数、室内外温度等相关因素，同时考虑了围护结构温差修正系数。

2. 采暖用户日用气预测模型

由基本耗热公式可知，耗热量与建筑的面积基本呈正相关关系，同时根据对西部管道公司采暖用户供暖方的调研，得出2012年和2013年采暖季日平均气温与燃气用量关系图（见图3-1，图3-2）。

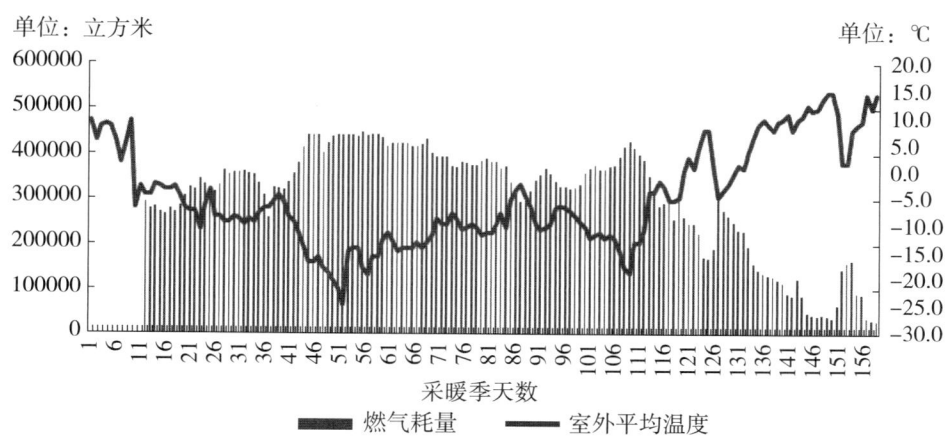

图3-1　2012年采暖季日平均气温与燃气用量

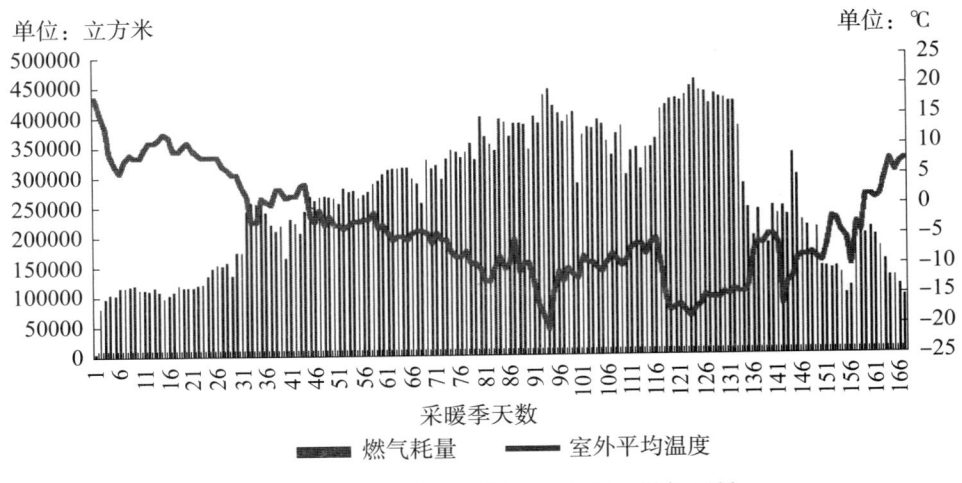

图 3-2　2013 年采暖季日平均气温与燃气用量

由此得出燃气供暖的条件下，天然气采暖需求量与建筑面积也是呈正比关系，与温度呈反比关系。结合单位面积上供暖用气单耗调研数据，通过预测燃气供暖面积来预测采暖用户日用气量，即：

$$Q = kSq(t)$$

式中，$Q$——集中供暖用气需求，立方米；

$k$——不同类型建筑耗热修正系数；

$S$——城市集中燃气供暖面积，平方米；

$q(t)$——与气温梯度相关的供暖用气单耗，立方米/平方米。温度 $t$ 取值为日高温与日低温的均值。

$$q(t) = \begin{cases} 222 & (t>10) \\ 395 & (5<t\leq 10) \\ 650 & (0<t\leq 5) \\ 845 & (-5<t\leq 0) \\ 982 & (-10<t\leq -5) \\ 1152 & (-15<t\leq -10) \\ 1331 & (t\leq -15) \end{cases}$$

**3. 采暖用户长期预测增长模型**

总体来看，冬季集中供暖用气将呈现快速增长态势，增长源主要由两大部分构成：

一是城市建筑面积稳步增长带来的用气需求。近几年，各种建筑的建设速度明显加快，而新增的建筑面积都需要供暖。如果燃气供暖的比例保持不变，用气需求将随总的供暖面积的增长而增长。

二是"煤改气"工程带来的用气需求。近几年各地政府都实施了"煤改气"工程，在维持原供暖面积不变的情况下，将小区集中燃煤供暖锅炉、燃煤发电装置等改造或调整为燃气设备，从而增加了用气需求。

根据增长方式，我们可以将城市集中燃气供暖面积分为两大类：

一类是随着城市发展，住宅小区、楼宇、机场、酒店等需集中供暖的区域直接采用天然气供暖方式的面积。这一类集中燃气供暖面积主要是受到城市规划和城市发展惯性的影响，因此这部分面积通常是保持一定的增速，逐步逐年增加的，增长率较为平稳。

另一类是"煤改气"，这类供暖面积增长是呈阶梯形的，即伴随政府规划的项目建成和投产，在原燃气集中供暖面积平稳增长的基础上将额外跳跃式新增一部分。

通过上面分析，集中供暖用气需求预测模型可以进一步变换为：

$$Q = S \times q(n) = (S_1 + S_2) \times q(n) = Q_1 + Q_2$$

式中，$Q$——集中供暖用气需求，立方米；

$S_1$——稳定增长供暖面积，平方米；

$S_2$——煤改气替换面积，平方米；

$Q_1$——稳定增长供暖用气需求，立方米；

$Q_2$——煤改气用气需求，立方米；

$q(n)$——一年中采暖季单位面积耗热量，立方米/(采暖季·平方米)。

4. 壁挂炉采暖预测模型

壁挂炉采暖主要针对居民单户采暖，其用气主要与使用壁挂炉的户数和每户壁挂炉的单耗相关，可用下面公式加以表达：

$$Q = nq$$

式中，$Q$——分户采暖用气需求，立方米；

$n$——使用壁挂炉家庭户数，户；

$q$——壁挂炉用户采暖单耗，立方米/户。

## 第三节　天然气用户需求预测模型应用与实证

### 一、LZ市天然气各类用户用气量预测

#### （一）居民用户用气预测

根据对LZ市城市燃气中居民用户用气情况及LZ市人口及气化率的调研情况，得出人均年用气指标，综合5年人均年用气指标，算术平均得出LZ市人均年用气指标可取值45.21立方米/（人·年）。根据LZ市气化率发展情况及全国和LZ经济总体发展趋势，可假设LZ市到2015年气化率为95%，2020年为98%，市区人口自2012年起按每年5%的增长速度增加，得出相关指标（表3-5，表3-6）。

表3-5　2008—2012年LZ市居民用气及人口相关指标

|  | 2008年 | 2009年 | 2010年 | 2011年 | 2012年 |
| --- | --- | --- | --- | --- | --- |
| 用气量（万立方米） | 6170 | 6889 | 7580 | 8350 | 8934 |
| 市区人口（万人） | 175.16 | 184.06 | 192.13 | 202.05 | 209.06 |
| 用气人口（万人） | 141 | 157 | 166 | 177 | 196 |
| 气化率（%） | 80.50 | 85.30 | 86.40 | 87.60 | 93.70 |
| 人均年用气指标（立方米/（人·年）） | 43.76 | 43.88 | 45.66 | 47.18 | 45.58 |

表 3-6 2015—2020 年 LZ 市居民用户用气相关指标取值

|  | 2015 年 | 2016 年 | 2017 年 | 2018 年 | 2019 年 | 2020 年 |
|---|---|---|---|---|---|---|
| 气化率 $k$（%） | 95 | 95.6 | 96.2 | 96.8 | 97.4 | 98 |
| 市区人口 $N$（万人） | 242.01 | 254.11 | 266.82 | 280.16 | 294.17 | 308.88 |
| 人均年用气指标 $q$（立方米/（人·年）） | 45.21 | | | | | |

利用公式 $Q=Nkq$ 计算得出 2015—2020 年 LZ 市居民用户年用气情况如表 3-7 所示。

表 3-7 2015—2020 年 LZ 市居民用户年用气预测

|  | 2015 年 | 2016 年 | 2017 年 | 2018 年 | 2019 年 | 2020 年 |
|---|---|---|---|---|---|---|
| 年用气量（万立方米） | 10394 | 10983 | 11605 | 12261 | 12954 | 13685 |

根据调研得到的 LZ 地区 2010 年、2011 年、2012 年月不均匀系数，取算术平均得出 LZ 地区各月的月不均匀系数，如表 3-8 所示。由月不均匀系数公式：

月不均匀系数 = 年内每个月的平均日用气量 / 当年平均日用气量

由此计算得出 2015—2020 年 LZ 市月用气量如表 3-9 所示。

表 3-8 LZ 市居民用气月不均匀系数

|  | 1月 | 2月 | 3月 | 4月 | 5月 | 6月 | 7月 | 8月 | 9月 | 10月 | 11月 | 12月 |
|---|---|---|---|---|---|---|---|---|---|---|---|---|
| 2010 年 | 1.68 | 1.43 | 1.07 | 0.67 | 0.62 | 0.61 | 0.60 | 0.60 | 0.60 | 0.68 | 1.50 | 1.95 |
| 2011 年 | 1.82 | 1.26 | 1.27 | 0.69 | 0.65 | 0.65 | 0.62 | 0.64 | 0.64 | 0.65 | 1.30 | 1.80 |
| 2012 年 | 1.50 | 1.61 | 1.20 | 0.63 | 0.63 | 0.60 | 0.57 | 0.57 | 0.48 | 0.66 | 1.55 | 2.01 |
| 月不均匀系数 | 1.67 | 1.44 | 1.18 | 0.67 | 0.63 | 0.62 | 0.60 | 0.60 | 0.58 | 0.66 | 1.45 | 1.92 |

表 3-9 LZ 市 2015—2020 年居民月用气预测（单位：万立方米）

| | 1月 | 2月 | 3月 | 4月 | 5月 | 6月 | 7月 | 8月 | 9月 | 10月 | 11月 | 12月 |
|---|---|---|---|---|---|---|---|---|---|---|---|---|
| 2015年 | 1473 | 1145 | 1042 | 569 | 559 | 529 | 528 | 532 | 492 | 586 | 1238 | 1695 |
| 2016年 | 1553 | 1249 | 1098 | 599 | 589 | 558 | 556 | 561 | 518 | 617 | 1305 | 1787 |
| 2017年 | 1645 | 1278 | 1163 | 635 | 624 | 591 | 590 | 594 | 549 | 654 | 1383 | 1893 |
| 2018年 | 1738 | 1350 | 1229 | 671 | 659 | 624 | 623 | 628 | 580 | 691 | 1461 | 2000 |
| 2019年 | 1836 | 1427 | 1298 | 709 | 697 | 660 | 658 | 663 | 613 | 730 | 1543 | 2113 |
| 2020年 | 1935 | 1557 | 1368 | 747 | 734 | 695 | 693 | 699 | 646 | 769 | 1626 | 2226 |

（二）CNG 用户用气预测

根据调研，LZ 市 2012 年拥有 CNG 公交车 2200 余辆，CNG 出租车 7152 辆，还有一定数量的 CNG 私家车。公交车耗气量约为 60 立方米/天，行程 200 千米/天，出租车耗气量约为 40 立方米/天，行程 300 千米/天。

2012 年，LZ 市公交车保有量为 10.53 辆/万人，出租车保有量为 34.21 辆/万人；近远期计划公交车保有量为 13 辆/万人，出租车保有量为 35 辆/万人，利用公式 $Q = Q_1 + Q_2 = n_1 q_1 l_1 + n_2 q_2 l_2$，计算得出 LZ 市 2015—2020 年 CNG 用气预测值如表 3-10 所示。

表 3-10 2015—2020 年 LZ 市 CNG 年用气预测

| | 2015年 | 2016年 | 2017年 | 2018年 | 2019年 | 2020年 |
|---|---|---|---|---|---|---|
| 市区人口（万人） | 242.01 | 254.11 | 266.82 | 280.16 | 294.17 | 308.88 |
| 公交车保有量（辆） | 3146 | 3303 | 3469 | 3642 | 3824 | 4015 |
| 出租车保有量（辆） | 8470 | 8894 | 9339 | 9806 | 10296 | 10811 |
| 公交车用气量（万立方米） | 6890 | 7235 | 7596 | 7976 | 8375 | 8794 |
| 出租车用气量（万立方米） | 12367 | 12985 | 13634 | 14316 | 15032 | 15784 |
| 总用气量（万立方米） | 19257 | 20220 | 21231 | 22292 | 23407 | 24577 |

## (三)采暖用户用气预测

LZ 市采暖分为集中采暖和分户采暖。据调研,2012 年 LZ 市集中采暖面积为 3780 万平方米,壁挂炉分户采暖超过 10 万户。采暖时间为每年 11 月 1 日至次年 3 月 31 日。以下就几种供暖和分户采暖分别加以预测。

### 1. 集中供暖

本研究对 LZ 市集中供暖用气分为两种情景进行预测,即供暖面积增长部分按年均竣工建筑面积增加和集中燃气供暖比例年均竣工建筑面积增加的 80% 增加计算两种情况。

基于以上两种假设情景考虑,年均竣工建筑面积取 2012 年各地的统计值。预测未来天然气采暖面积的结果如表 3-11 所示。

表 3-11 LZ 市稳定增长的集中燃气供暖面积预测(单位:万平方米)

|  | 2012 年燃气集中采暖面积 | 年均竣工建筑面积 | 集中燃气供暖比例 | 2015 年 | 2016 年 | 2017 年 | 2018 年 | 2019 年 | 2020 年 |
|---|---|---|---|---|---|---|---|---|---|
| 情景一 | 3780 | 915 | 100% | 6525 | 7440 | 8355 | 9270 | 10185 | 11100 |
| 情景二 | 3780 | 915 | 80% | 5976 | 6708 | 7440 | 8172 | 8904 | 9636 |

根据调研,LZ 市集中采暖用气定额为 15.75 立方米/(平方米·采暖季)。由此计算得出两种情景下 2015—2020 年采暖季用气预测情况如表 3-12 所示。

表 3-12 LZ 市 2015—2020 年集中供暖年用气预测(单位:万立方米)

|  | 2015 年 | 2016 年 | 2017 年 | 2018 年 | 2019 年 | 2020 年 |
|---|---|---|---|---|---|---|
| 情景一 | 102769 | 117180 | 131591 | 146003 | 160414 | 174825 |
| 情景二 | 94122 | 105651 | 117180 | 128709 | 140238 | 151767 |

根据调研得到的 2010—2012 年采暖季的月不均匀系数，取这三年的算术平均，得出 LZ 市采暖季用气的月不均匀系数如表 3-13 所示，并由此计算得出 LZ 市采暖季集中供暖月用气预测如表 3-14 所示。

表 3-13　LZ 市 2015—2020 年采暖季月不均匀系数

|        | 1月  | 2月  | 3月  | 11月 | 12月 |
|--------|------|------|------|------|------|
| 2010年 | 0.8  | 0.75 | 0.87 | 1.07 | 1.38 |
| 2011年 | 1.03 | 0.87 | 0.72 | 0.96 | 1.3  |
| 2012年 | 0.91 | 0.83 | 0.65 | 1.04 | 1.48 |
| 月不均匀系数 | 0.91 | 0.82 | 0.75 | 1.02 | 1.39 |

表 3-14　LZ 市 2015—2020 年采暖季集中采暖月用气预测（单位：万立方米）

|        |      | 1月   | 2月   | 3月   | 11月  | 12月  |
|--------|------|-------|-------|-------|-------|-------|
| 2015年 | 情景一 | 18772 | 16786 | 15347 | 21033 | 28501 |
|        | 情景二 | 17193 | 15373 | 14056 | 19264 | 26103 |
| 2016年 | 情景一 | 19139 | 19139 | 17499 | 23983 | 32498 |
|        | 情景二 | 19299 | 17256 | 15777 | 21623 | 29301 |
| 2017年 | 情景一 | 24037 | 21493 | 19651 | 26932 | 36495 |
|        | 情景二 | 21405 | 19139 | 17499 | 23983 | 32498 |
| 2018年 | 情景一 | 26670 | 23847 | 21803 | 29882 | 40491 |
|        | 情景二 | 23511 | 21022 | 19221 | 26342 | 35695 |
| 2019年 | 情景一 | 29302 | 26201 | 23955 | 32831 | 44488 |
|        | 情景二 | 25617 | 22906 | 20942 | 28702 | 38893 |
| 2020年 | 情景一 | 31935 | 28555 | 26107 | 35781 | 48485 |
|        | 情景二 | 27723 | 24789 | 22664 | 31062 | 42090 |

## 2. 分户采暖

根据近年统计，壁挂炉采暖用户约占居民用气用户的17%，壁挂炉用户采暖耗气量为8立方米/户·天，对LZ市，可换算为1200立方米/户·采暖季。据此壁挂炉分户采暖用气预测如表3-15所示，再由采暖季月不均匀系数，可计算得出分户采暖月用气预测情况如表3-16所示。

表3-15　LZ市2015—2020年分户采暖年用气预测

| 年份 | 2013年 | 2014年 | 2015年 | 2016年 | 2017年 | 2018年 | 2019年 | 2020年 |
|---|---|---|---|---|---|---|---|---|
| 户数（万户） | 11.9 | 12.93 | 14 | 15.2 | 16.4 | 17.5 | 18.9 | 21.5 |
| 用气量（万立方米） | 14280 | 15516 | 16800 | 18240 | 19680 | 21000 | 22680 | 25800 |

表3-16　LZ市2015—2020年采暖季分户采暖月用气预测（单位：万立方米）

|  | 1月 | 2月 | 3月 | 11月 | 12月 |
|---|---|---|---|---|---|
| 2015年 | 3069 | 2744 | 2509 | 3438 | 4659 |
| 2016年 | 3332 | 2979 | 2724 | 3733 | 5059 |
| 2017年 | 3595 | 3214 | 2939 | 4028 | 5458 |
| 2018年 | 3836 | 3430 | 3136 | 4298 | 5824 |
| 2019年 | 4143 | 3704 | 3387 | 4642 | 6290 |
| 2020年 | 4713 | 4214 | 3853 | 5280 | 7155 |

综上，得出LZ市采暖用气年用气预测情况如表3-17所示，月用气预测情况如表3-18所示。

表3-17　LZ市2015—2020年采暖年用气预测（单位：万立方米）

|  | 2015年 | 2016年 | 2017年 | 2018年 | 2019年 | 2020年 |
|---|---|---|---|---|---|---|
| 情景一 | 119569 | 135420 | 151271 | 167003 | 183094 | 200625 |
| 情景二 | 110922 | 123891 | 136860 | 149709 | 162918 | 177567 |

表 3-18  LZ 市 2015—2020 年采暖季月用气预测（单位：万立方米）

| | | 1月 | 2月 | 3月 | 11月 | 12月 |
|---|---|---|---|---|---|---|
| 2015年 | 情景一 | 21841 | 19530 | 17856 | 24472 | 33160 |
| | 情景二 | 20262 | 18117 | 16564 | 22702 | 30762 |
| 2016年 | 情景一 | 22471 | 22119 | 20223 | 27716 | 37556 |
| | 情景二 | 22631 | 20236 | 18501 | 25356 | 34359 |
| 2017年 | 情景一 | 27632 | 24708 | 22590 | 30960 | 41953 |
| | 情景二 | 25000 | 22354 | 20438 | 28011 | 37956 |
| 2018年 | 情景一 | 30506 | 27277 | 24939 | 34180 | 46315 |
| | 情景二 | 27347 | 24452 | 22357 | 30640 | 41519 |
| 2019年 | 情景一 | 33445 | 29905 | 27342 | 37473 | 50778 |
| | 情景二 | 29760 | 26610 | 24329 | 33344 | 45183 |
| 2020年 | 情景一 | 36648 | 32769 | 29960 | 41061 | 55640 |
| | 情景二 | 32436 | 29003 | 26517 | 36342 | 49245 |

## 二、XN 市天然气各类用户用气量预测

### （一）居民用户用气预测

根据对 XN 市城市燃气中居民用户用气情况及 XN 市用气人口的调研情况，得出 XN 市人均年用气指标可取值 42 立方米/（人·年）。根据 XN 市气化率发展情况及全国和 XN 经济总体发展趋势，用气人口自 2013 年的 670398 人起按每年 5% 的增长速度增加，预测出 XN 市用气情况如表 3-19 所示。

表 3-19  2015—2020 年 XN 市居民用户年用气预测

| | 2015年 | 2016年 | 2017年 | 2018年 | 2019年 | 2020年 |
|---|---|---|---|---|---|---|
| 用气人口（人） | 739114 | 776069 | 814873 | 855617 | 898397 | 943317 |
| 用气量预测（万立方米） | 3104 | 3259 | 3422 | 3594 | 3773 | 3962 |

## （二）CNG用户用气预测

根据调研，XN市2012年拥有CNG公交车2300辆，CNG出租车6000辆，还有一定数量的CNG私家车。公交车耗气量约为65立方米/天，行程200千米/天，出租车耗气量约为24立方米/天，行程300千米/天。

2012年，XN市人口198.46万人，计算得出公交车保有量为11.59辆/万人，出租车保有量为30.23辆/万人；预计近远期公交车保有量为13辆/万人，出租车保有量为34辆/万人，根据XN市发展速度及历史人口变化规律，预计市区人口将按6%速度增长。利用公式 $Q = Q_1 + Q_2 = n_1 q_1 l_1 + n_2 q_2 l_2$，计算得出XN市2015—2020年CNG用气预测值如表3-20所示。

表3-20  2015—2020年XN市CNG年用气预测

| | 2015年 | 2016年 | 2017年 | 2018年 | 2019年 | 2020年 |
|---|---|---|---|---|---|---|
| 市区人口（万人） | 236.37 | 250.55 | 265.58 | 281.52 | 298.41 | 316.32 |
| 公交车保有量（辆） | 3073 | 3257 | 3453 | 3660 | 3879 | 4112 |
| 出租车保有量（辆） | 8037 | 8519 | 9030 | 9572 | 10146 | 10755 |
| 公交车用气量（万立方米） | 7290 | 7728 | 8191 | 8683 | 9204 | 9756 |
| 出租车用气量（万立方米） | 7040 | 7462 | 7910 | 8385 | 8888 | 9421 |
| 总用气量（万立方米） | 14330 | 15190 | 16101 | 17068 | 18092 | 19177 |

## （三）采暖用户用气预测

XN市采暖分为集中采暖和分户采暖。据调研，2013年XN市集中采暖面积为4150万平方米，壁挂炉分户采暖达187972户。采暖时间为每年11月1日至次年3月31日。以下就几种供暖和分户采暖分别加以预测。

### 1. 集中供暖

本研究对XN市集中供暖用气分为两种情景进行预测，即供暖面积增长部分按年均竣工建筑面积增加和集中燃气供暖比例年均竣工建筑面积增加的 60% 增加计算两种情况。

基于以上两种假设情景考虑，年均竣工建筑面积取 2012 年各地的统计值。预测未来天然气采暖面积的结果如表 3-21 所示。

表 3-21　XN 市稳定增长的集中燃气供暖面积预测（单位：万平方米）

|  | 2013 年燃气集中采暖面积 | 年均竣工建筑面积 | 集中燃气供暖比例 | 2015 年 | 2016 年 | 2017 年 | 2018 年 | 2019 年 | 2020 年 |
| --- | --- | --- | --- | --- | --- | --- | --- | --- | --- |
| 情景一 | 4150 | 353 | 100% | 4856 | 5209 | 5562 | 5915 | 6268 | 6621 |
| 情景二 | 4150 | 353 | 60% | 4574 | 4785 | 4997 | 5209 | 5421 | 5633 |

根据调研，XN 市集中采暖用气定额为 18 立方米 /（平方米·采暖季）。由此计算得出两种情景下 2015—2020 年采暖季用气预测情况如表 3-22 所示。

表 3-22　XN 市 2015—2020 年集中供暖年用气预测（单位：万立方米）

|  | 2015 年 | 2016 年 | 2017 年 | 2018 年 | 2019 年 | 2020 年 |
| --- | --- | --- | --- | --- | --- | --- |
| 情景一 | 87408 | 93762 | 100116 | 106470 | 112824 | 119178 |
| 情景二 | 82325 | 86137 | 89950 | 93762 | 97574 | 101387 |

2. 分户采暖

根据近年统计，XN 市壁挂炉用户采暖耗气量为 1258 立方米 / 户·采暖季，采暖户数按 1.2 万户 / 年递增。据此壁挂炉分户采暖用气预测如表 3-23 所示。

表 3-23　XN 市 2015—2020 年分户采暖年用气预测

|  | 2013 年 | 2014 年 | 2015 年 | 2016 年 | 2017 年 | 2018 年 | 2019 年 | 2020 年 |
| --- | --- | --- | --- | --- | --- | --- | --- | --- |
| 户数（万户） | 18.7 | 19.9 | 21.1 | 22.3 | 23.5 | 24.7 | 25.9 | 27.1 |
| 用气量（万立方米） | 23525 | 25034 | 26544 | 28053 | 29563 | 31073 | 32582 | 34092 |

综上，得出 XN 市采暖用气年用气预测情况如表 3-24 所示。

表 3-24　XN 市 2015—2020 年采暖年用气预测（单位：万立方米）

|  | 2015 年 | 2016 年 | 2017 年 | 2018 年 | 2019 年 | 2020 年 |
|---|---|---|---|---|---|---|
| 情景一 | 113952 | 121815 | 129679 | 137543 | 145406 | 153270 |
| 情景二 | 108869 | 114191 | 119513 | 124835 | 130157 | 135479 |

### 三、WLMQ 市天然气各类用户用气量预测

#### （一）居民用户用气预测

根据对新疆燃气公司、新捷燃气公司和新泰燃气公司的调研，WLMQ 市户均用气指标可取值 0.34 立方米/（户·天）。根据 WLMQ 市气化率发展情况及全国和该市经济总体发展趋势，WLMQ 市用气用户总数自 2013 年的 120.8664 万户起按每年 5% 的增长速度增加，预测出 WLMQ 市用气情况如表 3-25 所示。

表 3-25　2015—2020 年 WLMQ 市居民用户年用气预测

|  | 2015 年 | 2016 年 | 2017 年 | 2018 年 | 2019 年 | 2020 年 |
|---|---|---|---|---|---|---|
| 用气户数（户） | 1332552 | 1399180 | 1469139 | 1542596 | 1619725 | 1700712 |
| 用气量预测（万立方米） | 16537 | 17364 | 18232 | 19144 | 20101 | 21106 |

#### （二）CNG 用户用气预测

根据调研，公交车耗气量约为 65 立方米/天，行程 200 千米/天，出租车耗气量约为 24 立方米/天，行程 300 千米/天。2012 年，WLMQ 市人口 257.8 万人，预计近远期根据 WLMQ 市发展速度及历史人口变化规律，预计市区人口将按 5% 速度增长，公交车保有量可设定为 13 辆/万人，出租车保有量为 34 辆/万人。利用公式 $Q = Q_1 + Q_2 = n_1 q_1 l_1 + n_2 q_2 l_2$，计算得出 WLMQ 市 2015—2020 年 CNG 用气预测值见表 3-26。

表 3-26  2015—2020 年 WLMQ 市 CNG 年用气预测

|  | 2015 年 | 2016 年 | 2017 年 | 2018 年 | 2019 年 | 2020 年 |
|---|---|---|---|---|---|---|
| 市区人口（万人） | 298 | 313 | 329 | 345 | 363 | 381 |
| 公交车保有量（辆） | 3880 | 4074 | 4277 | 4491 | 4716 | 4952 |
| 出租车保有量（辆） | 10147 | 10654 | 11187 | 11746 | 12334 | 12950 |
| 公交车用气量（万立方米） | 3399 | 3569 | 3747 | 3934 | 4131 | 4338 |
| 出租车用气量（万立方米） | 8889 | 9333 | 9800 | 10290 | 10804 | 11344 |
| 总用气量（万立方米） | 12287 | 12902 | 13547 | 14224 | 14935 | 15682 |

（三）采暖用户用气预测

WLMQ 市采暖分为集中采暖和分户采暖。据调研，2013 年 WLMQ 市集中采暖面积为 11600 万平方米，壁挂炉分户采暖达 117987 户。采暖时间为每年 11 月 1 日至次年 3 月 31 日。以下就几种供暖和分户采暖分别加以预测。

1. 集中供暖

本研究对 WLMQ 市集中供暖用气分为两种情景进行预测，即供暖面积增长部分按年均竣工建筑面积增加和集中燃气供暖比例年均竣工建筑面积增加的 60% 增加计算两种情况。

基于以上两种假设情景考虑，年均竣工建筑面积取 2012 年各地的统计值。预测未来天然气采暖面积的结果如表 3-27 所示。

表 3-27  WLMQ 市稳定增长的集中燃气供暖面积预测（单位：万平方米）

|  | 2013 年燃气集中采暖面积 | 年均竣工建筑面积 | 集中燃气供暖比例 | 2015 年 | 2016 年 | 2017 年 | 2018 年 | 2019 年 | 2020 年 |
|---|---|---|---|---|---|---|---|---|---|
| 情景一 | 11600 | 940 | 100% | 14420 | 15360 | 16300 | 17240 | 18180 | 19120 |
| 情景二 | 11600 | 940 | 70% | 13574 | 14232 | 14890 | 15548 | 16206 | 16864 |

根据调研，WLMQ 市集中采暖用气定额为 18 立方米/（平方米·采暖季）。由此计算得出两种情景下 2015—2020 年采暖季用气预测情况如表 3-28 所示。

表 3-28　WLMQ 市 2015—2020 年集中供暖年用气预测（单位：万立方米）

|  | 2015 年 | 2016 年 | 2017 年 | 2018 年 | 2019 年 | 2020 年 |
| --- | --- | --- | --- | --- | --- | --- |
| 情景一 | 259560 | 276480 | 293400 | 310320 | 327240 | 344160 |
| 情景二 | 244332 | 256176 | 268020 | 279864 | 291708 | 303552 |

2. 分户采暖

根据近年统计，WLMQ 市壁挂炉用户采暖耗气量为 1200 立方米/户·采暖季，采暖户数按 0.8 万户/年递增。据此壁挂炉分户采暖用气预测如表 3-29 所示。

表 3-29　WLMQ 市 2015—2020 年分户采暖年用气预测

|  | 2015 年 | 2016 年 | 2017 年 | 2018 年 | 2019 年 | 2020 年 |
| --- | --- | --- | --- | --- | --- | --- |
| 户数（万户） | 13.4 | 14.2 | 15.0 | 15.8 | 16.6 | 17.4 |
| 用气量（万立方米） | 16078 | 17038 | 17998 | 18958 | 19918 | 20878 |

综上，得出 WLMQ 市采暖用气年用气预测情况如表 3-30 所示。

表 3-30　WLMQ 市 2015—2020 年采暖年用气预测（单位：万立方米）

|  | 2015 年 | 2016 年 | 2017 年 | 2018 年 | 2019 年 | 2020 年 |
| --- | --- | --- | --- | --- | --- | --- |
| 情景一 | 275638 | 293518 | 311398 | 329278 | 347158 | 365038 |
| 情景二 | 260410 | 273214 | 286018 | 298822 | 311626 | 324430 |

# 第四章 天然气价格承受能力测算方法

　　天然气用户对天然气价格的承受能力和使用天然气给用户带来的经济价值是政府调控气价和用户决策是否使用天然气的重要参考指标之一。为了客观评价天然气使用经济价值，在对天然气使用相关技术经济问题进行深入研究的基础上，本书提出了天然气资源配置理论，探讨了价格与资源配置的关系，在此基础上提出了天然气使用经济价值计算基本方法。该方法由"替代能源等热值法"和"净回值法"组成。"替代能源等热值法"根据单位有效热值等价的原理，通过计算在某用途中使用天然气替代物与使用天然气产出相同效果时，需付出的替代经济代价来分析天然气使用经济价值。"净回值法"根据均衡价值理论和边际贡献原理，通过天然气使用产出最终产品的价格和投入的生产要素成本等来倒算天然气使用经济价值；天然气使用经济价值计算基本方法为定量分析天然气使用经济价值提供了计算基础，可为政府制定天然气价格调整方案和天然气利用的相关政策、天然气上游生产企业开发高效天然气市场和优化天然气销售结构提供定量分析工具，也可为天然气下游企业优化天然气利用结构提供参考。

## 第一节　天然气资源配置理论

### 一、资源配置理论概述

资源有狭义和广义之分。狭义资源是指自然资源；广义资源是指经济资源或生产要素，包括自然资源、劳动力和资本等。因此，资源是指社会经济活动中人力、物力和财力的总和，是社会经济发展的基本物质条件。人的欲望无止境，而资源总体有限，因此，资源具有稀缺性。

资源的稀缺性决定了任何一个社会都必须通过一定的方式把有限的资源合理分配到社会的各个领域中去，以实现资源的最佳利用，即用最少的资源耗费，生产出最适用的商品和劳务，获取最佳的效益。

资源配置是指对相对稀缺的资源在各种不同用途上加以比较做出的选择，以便用最少的资源耗费，生产出最适用的商品和劳务，获取最佳的效益。资源配置合理与否，对一个国家经济发展的成败有着极其重要的影响。

### 二、天然气资源配置定义

根据资源配置的定义，结合天然气的特点，将天然气资源配置定义为：在天然气资源存在稀缺的情景下，在满足城市燃气等民生基本需求之外，通过量价等方式进行调节，将天然气资源向综合利用效益高的非民生行业倾斜，从而实现天然气资源配置的总量优化，结构优化，实现天然气产业对经济社会发展的支撑，促进天然气利用与经济社会发展的良好互动，达到推进经济发展，社会进步的总体效果最优。

## 三、天然气资源配置的目标与方式

### (一)天然气资源配置的目标与原则

在市场化改革推进前,按照当时的资源配置方式,天然气价格受到严格的政府管制,市场供求无法完全通过价格杠杆调节,导致市场缺口逐渐增加,低效天然气利用项目得不到淘汰,高效天然气利用项目的需求得不到满足,导致资源配置低效。

天然气资源配置的扭曲使得市场化配置非常必要,随着中国逐渐加快天然气市场化改革步伐,天然气资源将逐渐通过反映市场供应的定价方式,有效调节供求,使得资源配置逐渐得以优化。

根据市场化改革总体思路,天然气资源优化配置的目标是建立总量、产业链、用户结构优化的资源配置方式。原则是坚持天然气利用政策,以市场为导向,民生优先,利用价格杠杆,重视利用效益,提升资源配置效率,推动天然气产业与社会经济的和谐发展。

#### 1. 天然气资源配置的目标

在天然气规模化利用成熟的基础上,充分发挥资源、管网、市场紧密衔接的整体优势,采取稳健的资源配置策略,进一步扩大销售规模,做好天然气利用产业集群布局,增强天然气市场管控水平,提高天然气占一次能源消费比例,进一步推动完善天然气价格市场形成机制,加快天然气交易市场的建设,不断提升天然气资源优化配置能力,打造天然气市场规模领先,总量均衡,产业链协调发展,用户结构优化,供应稳定可靠的天然气市场。

#### 2. 天然气资源配置的原则

首先,坚持市场化导向的原则。天然气资源的配置的首要原则是打破原有的管制配置资源原则,坚持以市场导向为原则,按照量、价主要由市场调节的原则,推动天然气价格市场化改革的步伐,使天然气价格能够体现与替代能源挂钩的等热值价格，也体现天然气的清洁能源价值。消除因管制而造成的需求过度与价格偏低等不利于天然气资源优化配置的现象。

其次，坚持民生优先与利用效益并重的原则。天然气属于特殊商品，其资源配置不能完全市场化，尤其是城市燃气等属于半公共物品，在资源稀缺情况下，必须保障城市燃气的优先稳定供给，对完全市场化的工业燃料、化工、发电等用户，在资源配置上应充分考虑天然气利用效益，包括天然气价格承受能力、天然气利用量与可持续发展能力，充分体现天然气资源配置的高效性。

第三，坚持提升天然气在一次性能源消费中的比例的原则。天然气作为优质低碳清洁能源，其利用后不产生对环境污染的废物，有利于改善环境，是目前少数可大规模商业利用的清洁能源，大量利用天然气，部分替代污染较为严重的煤炭、石油等传统主流能源，以提升天然气在一次能源中的比例，充分发挥天然气在"双碳"目标中的主体能源地位，已成为优化能源结构，提升天然气配置效率的重要原则。

（二）天然气资源配置的方式

由于天然气利用的特殊性，天然气资源的配置并非完全按照市场化配置原则，随着油气体制改革的进行，天然气资源配置中的市场化比重将增加，但从各国天然气资源配置实践看，由于天然气资源对居民与国民经济的敏感性，总体仍然是按照政策与市场两种手段共同配置资源。

以往的天然气配置方式以计划配置为主，天然气利用结构受到政府严格的管制，天然气市场的进入门槛高，导致市场结构以少数企业主导为主，天然气资源按计划销售，市场竞争不足，价格偏低，长期以来天然气供求持续紧张，缺口不断增大，随着价格市场化进程持续推进，管制对天然气资源配置效益影响逐渐减少，天然气资源的配置方式正继续优化。未来，价格将成为优化天然气资源配置的重要工具，通过价格杠杆的调节，淘汰原有的天然气利用中效益低下的用户，将天然气配置到利用效益更加良好的优质用户中。

1. 计划方式配置资源

以计划方式配置资源的方式，多见于社会主义国家，中国在1978年改革开放以前，也以计划体制为主，直到十三届四中全会，才确定了建立市场经济体制，确立了以市场为基础的资源配置方式。计划方式配置资源的优势在于"集中力量办大事"，从1949年新中国成立到1978年为止，中国采取的是以计划为主的资源配置方式，即通过中央政府制定资源配置计划，这类计划属于指令性计划，企业与企业间的交易价格严格按照指令性计划规定。计划方式带有很大的纯生产主义色彩，具有强大的资源动员能力，在短期内可以举全国之力建设一系列大型项目工程。

但计划方式配置资源的缺陷也显而易见，计划方式采用政府制定产量计划，严格控制价格的方式进行，从根本上违背了市场资源配置的原则，导致企业沦为纯生产单位，对市场价格、需求等信号无法及时做出反应，且计划的本质即为管制，管制导致短缺一再为社会主义国家的计划资源配置实践所证实。此外，采用计划方式配置资源，也使得资源配置效率低下，企业缺乏自主盈亏的动力，根据市场需求开发产品，创新动力完全丧失，尤其在竞争性领域，严重丧失了发展的前景与方向。

尽管计划方式配置资源的缺陷严重，但由于现代经济成分复杂，属性多样，计划配置资源的方式并非社会主义国家的专利，对于带有公共属性或者半公共属性的物品，由于私人不愿意或者无力投资，仍然需要政府采取计划配置的方式进行资源配置，如水、电、城市公交、道路、公共治安、国防等。类似的城市基础设施不能通过私人投资来配置上述资源,仍然需要政府为主来进行配置,即使在发达资本主义国家,计划配置资源的方式仍然在公共物品领域通用。此外,宏观经济管理领域仍然通过政府以产业政策、规划等方式进行,计划方式仍然是加强宏观资源配置的主要手段。

2. 市场方式配置资源

从微观领域看,市场方式配置资源是现代经济发展的潮流。市场配置资源的方式是企业立足于市场,通过对市场上的需求、价格、竞争对手、进出口等信息的掌握,根据自身的条件生产出适销对路的产品,以实现资源配置效率的最大化。市场方式配置资源的优势在于,通过企业对市场信号的把握,做出适合市场需求的生产经营决策,调动了企业的积极性,也带动了企业不断创新的动力,使得产品能够不断推陈出新,满足消费者不断变化的需求,实现了资源配置的合理化。也相应带来了经济的大发展与国民收入水平的大提高。实践也证明,中国在1978年改革开放以后,年经济增长均保持在9%以上,均是拜市场经济的资源配置方式所赐。

市场方式配置资源也有一定的劣势,相对于计划体制对生产经营的严格管制,市场机制配置资源虽然也受到一定的监管,但是相对于计划体制,相关的监管已大为放松。这也使得企业为了追逐利润,出现了"以次充好、以假充真、环境污染"等问题,上述问题不能通过企业自身的发展克服,必须通过政府加强监管、改进环境保护方式加以解决。

根据上述分析,不难看出,计划与市场都是资源配置的方式,均有利弊,计划方式配资源,适用于公共性、非竞争性领域,有利于加强市场监管与宏观总量控制,而市场配置资源,则发挥了以企业为主的微观主体的积极性,适用于竞争性领域。因此,是采用计划方式配置资源还是采用市场方式配置资源，必须结合所属领域的特性。

对天然气行业而言，按照产业链划分可分为上游勘探开发、中游天然气运输、下游天然气利用三大环节，天然气资源配置就是要贯通上中下游，使得天然气需求量、运输量、供给量、利用结构能够实现有效匹配。按照资源配置的方式看，中国现有的天然气资源配置方式仍然以计划配置资源的方式为主，天然气定价有所放松，但政府管制的影响仍然较大，市场供求无法完全通过价格杠杆调节，天然气资源配置的方式有待进一步优化。

## 第二节 测算理论

### 一、天然气使用经济价值定义

天然气使用经济价值是由天然气的自然属性赋予的能满足相关使用需要的功能。天然气使用经济价值则是通过使用天然气所实现的经济价值。根据具体使用情况，天然气使用经济价值的定义可进一步细分为：在使用天然气后能产出可销售产品的用途中，天然气使用经济价值是在当期国家相关财税政策、天然气使用相关技术经济条件和产出产品价格情况下，天然气用于此种用途时为用户实现的经济价值；在使用天然气后不能产出可销售产品的用途中，天然气使用经济价值则是在以上相同情况下，天然气用于某种用途时，同等替代情况下，其替代代价最小的替代物的使用经济价值。

### 二、天然气使用经济价值内涵

（一）与国家相关财税政策相关

国家相关财税政策是指国家对使用天然气生产的相关产品价格、

生产成本核算、流转税及附加费等的相关规定。这些规定与天然气使用企业使用天然气获得的经济效益直接相关。

（二）与天然气使用技术条件相关

天然气使用技术条件确定了天然气使用的技术水平。它直接影响天然气使用设备投资大小、天然气单耗和运行成本。这也与使用天然气获得的经济效益直接相关。

（三）与使用天然气生产的产品和投入生产要素的市场价格相关

使用天然气生产的产品和投入生产要素的市场价格是指使用天然气生产某种产品需要投入的相关资源（包括替代资源）成本和产出产品的市场价格等情况。它也与天然气使用企业使用天然气获得的经济效益直接相关。

（四）与使用天然气而得到的企业经济效益相关

定义中的经济价值是指使用天然气企业在以上三个条件下因使用天然气产生的企业经济效益，不包括因使用天然气带来的环保、健康等社会效益。因为我们研究的主要目的之一是为制定天然气价格提供参考依据，它与天然气用户因使用天然气产生的企业经济效益直接相关。目前使用天然气产生的环保、健康等社会效益对天然气使用企业来讲，还不能让天然气用户从财务上获得直接经济效益，因此在环保等社会效益还未量化到相关企业的实际经济效益前，本书定义的天然气使用经济价值不包括天然气使用所贡献的环保等社会效益。如果今后国家将使用天然气替代物产生的环保等负面影响纳入相关企业的实际收费时，则可在天然气使用经济价值计算中再加上环保等社会效益。

## 三、天然气价格可承受能力定义

天然气价格可承受能力是指天然气用户使用天然气来满足某种功能需求而可以接受的最高价格。应用天然气市场价值评估理论和方法，按照当前能源价格以及相关技术经济参数，测算出分类用户的天然气市场价值，可充分了解天然气与其他能源在终端市场的竞争力。

天然气用户承受能力价格是指用户愿意支付的购买价格，另一方面也反映了天然气用户对天然气价格的承载能力。从用户的角度分析，愿意支付的购买价格有以下客观标准：一是天然气价格对用户的产品成本、产品的市场供应价格及用户盈利能力的影响；二是天然气替代能源的等热值价格。

天然气价格承受能力在一定程度上体现了天然气工业用户的经济性特征。体现了不同天然气用户对天然气利用效益的贡献差别。

四、国外研究理论

国外学者主要通过文献研究、问卷调查、数理统计的方法寻找消费者购买单位产品所愿意支付的最高价格，即支付意愿或称价格意愿（Willingness to Pay，WTP），进而研究能源价格承受能力。WTP 是消费者对特定物品或劳务的个人估价，带有强烈的主观评价成分。在环境质量公共物品的需求分析和环境经济影响评价中，支付意愿被广泛应用。根据边际效用递减规律，消费者在一定收入水平下，对享有环境质量的边际支付意愿也符合递减规律，用支付意愿表示的需求曲线是一条向右下方倾斜的曲线。

## 第三节　测算方法

天然气价格承受能力测算方法包括替代能源等热值法、资产定价法、支出限额法、净回值法等，本书主要选取替代能源等热值法和净回值法进行天然气价格承受能力测算。

## 一、替代能源等热值法

### （一）基本原理

替代能源等热值法即替代价值法，是指在使用天然气没有产出可供销售产品用途中，根据单位有效热值等价的原则，通过计算在某用途中使用天然气替代物与使用天然气产出相同效果时，需付出的替代经济代价来计算天然气价格承受能力。

采用"替代能源等热值法"计算用户的天然气价格承受能力的基本原理是：市场经济情况下，用户在同一用途中总是会选择使用成本最低的资源。在天然气存在替代物可选用时，如果在某一用途中其他天然气替代物的使用经济代价低于天然气在该用途的使用经济代价，人们就会使用其他天然气替代物，而不使用天然气。此时使用其他天然气替代物的使用经济代价实际上就是用户所能承受的天然气最大价格。

应用该方法涉及的基础资料有天然气及替代能源使用装置经济寿命期、投资、成本、天然气及替代能源消耗、替代能源价格等相关技术经济资料。

### （二）计算模型

设 $P_{gmax}$ 为该类用途的天然气最高价格；$F_g$ 为使用单位天然气所分摊的设备折旧费；$K_g$ 为天然气的热值；$\eta_g$ 为天然气使用的热效率；设 $P_{bmin}$ 为该类用途的其他能源最低价格；$F_b$ 为使用单位其他能源所分摊的设备折旧费；$K_b$ 为其他能源的热值；$\eta_b$ 为其他能源使用的热效率。

按照天然气价格就不能高于消费者购买其他等有效热值能源的最低价格的原则，则有

$$\frac{P_{gmax}+F_g}{K_g \times \eta_g}=\frac{P_{bmin}+F_b}{K_b \times \eta_b}$$

整理上式可得

$$P_{g\,max} = \frac{P_{b\,min} + F_b}{K_b \times \eta_b} \times K_g \times \eta_g - F_g$$

上式即为按替代价值法测算用户天然气价格承受能力的计算模型。

## 二、净回值法

（一）基本原理

净回值法是根据均衡价值理论，通过天然气使用产出最终产品的价格和投入的生产要素成本来倒算用户的天然气价格承受能力。

在产出了可销售的产品，且产品价格完全由市场竞争机制形成的天然气用途中，有的企业产品单一，如天然气甲醇、合成氨、LNG等。对生产这类产品的企业，由于企业的成本核算是以该产品为唯一核算对象，因而完全可以按权责发生制对该产品生产投入的天然气等相关资源进行较清楚的界定，从而可通过直接与其产品价格联系起来回推用户的天然气价格承受能力。该方法计算涉及的主要基础资料包括产品价格、产品成本及其构成、天然气消耗、相关税费等。

（二）计算模型

设 $P_g$ 为该类用途的天然气价格，$Q_g$ 为该类用途生产单位产品消耗的天然气量，$P_a$ 为天然气某用途最终产品通过市场竞争机制形成的单位产品价格，$C_f$ 为单位产品应分摊的流转税及附加费，可从生产企业的相关财务表中分析得出；$C_a$ 为除天然气外的其他完全成本，其中包括营业费用、财务费用、管理费用期间费用，可从生产企业的《成本分析表》中取得；$R$ 为企业的合理利润。

根据均衡价值理论，有：

$$P_a = C_f + C_a + P_g \times Q_g + R$$

整理上式：

$$R = P_a - C_f - C_a - P_g \times Q_g$$

在产品价格和其他成本不变的条件下，天然气价格上升将导致企业的生产成本的增加，企业的利润也将相应减少。企业利润降至最小极限 $R_{min}$ 时的天然气价格就是企业能承受的最大值 $P_{gmax}$，即

$$P_{gmax} = \frac{P_a - C_f - C_a - R_{min}}{Q_g}$$

由于企业不会在长时间的亏损情况下生产产品，所以企业利润最小极限 $R_{min} \geq 0$，通常取 $R_{min}=0$。

上式则可简化为：

$$P_{gmax} = \frac{P_a - C_f - C_a}{Q_g}$$

上式即为按净回值法测算用户的天然气价格承受能力的计算模型。

## 第四节　测算实例

### 一、城市燃气

#### （一）城市燃气用户范围

中国城市燃气用户主要是居民用户、商业用户、CNG 用户。就天然气价格承受力而言，商业用户和 CNG 用户明显比居民用户强，同时居民用户价格承受力也是影响城市燃气价格水平的核心和关键。

## （二）计算方法

城市燃气的分析对象是城镇居民用户，本书主要用"替代能源等热值法"分析其天然气与替代能源的价格关系来评价其天然气价格承受能力。

## （三）测算实例

在居民生活领域，本书计算天然气市场价值主要采用替代能源等热值法进行评估。川渝地区城镇居民使用天然气主要用于烹饪和烧水，与电、煤和LPG存在竞争，其各自的占比分别约为60%、10%和30%（据有关部门的实际抽查资料）。根据调研，川渝地区城镇居民购买天然气的平均价格约为2.03元/立方米，购买LPG的平均价格约为2.54元/千克，购买煤炭的平均价格约为0.6元/千克，购买电的平均价格约为0.539元/千瓦。利用替代能源等热值法公式，不考虑设备的折旧费，计算出的居民用气承受能力价格为2.33元/立方米。

表4-1 川渝地区城镇居民用户天然气价格承受能力计算表

| 项　目 | 石油液化气 | 煤炭 | 电 |
|---|---|---|---|
| 当前价格 | 2.54元/千克 | 0.6元/千克 | 0.539元/千瓦时 |
| 热量 | 50242千焦/千克 | 23027千焦/千克 | 3601千焦/千瓦时 |
| 等热值价格（元/立方米） | 1.80 | 0.93 | 5.33 |
| 热效率（%） | 65 | 40 | 95 |
| 考虑热效率的等热值价格（元/立方米） | 1.80 | 1.51 | 3.65 |
| 替代比率（%） | 60 | 10 | 30 |
| 考虑热效率后的加权平均价格（元/立方米） | 2.33（可承受气价） | | |

注：天然气热值35588千焦/立方米，民用天然气热效率65%。石油液化气、煤炭、电价格为2020年查询价格。

## 二、工业燃料

天然气作为工业燃料广泛应用于建材、冶金、机电、石化、轻工等行业,尤其作为特殊工艺用气具有明显的优势。例如生产优质钢、有色金属、电子器材、建筑陶瓷、卫生洁具、仪表仪器等产品时,天然气作为清洁高效燃料,对提高产品质量、减少环境污染、提高热效率有着显著的作用。考虑天然气作为工业燃料主要替代煤炭、重油和煤气,且陶瓷行业是工业用户中的重点用气行业,分布范围广,涉及分支行业多。因此,这里只选取陶瓷生产应用领域来测算天然气价格承受能力。

### (一)天然气制陶瓷

目前,中国已经成为世界上最大的陶瓷生产国,陶瓷制品也是中国出口创汇的主要产品之一。目前中高档陶瓷生产的主要燃料为燃油、水煤气和天然气。有的低档陶瓷生产仍直接烧煤。天然气用于陶瓷燃料与水煤气相比,具有燃烧温度高,热效率高等优点。并且天然气在环保上比水煤气有更大的竞争力。

### (二)计算方法

由于陶瓷产品种类、规格繁多,很难用统一的产品单位来度量,可替代能源有水煤气、燃油,对天然气生产陶瓷而言最大的竞争能源是水煤气,因此我们采用"替代能源等热值法"来计算天然气用于陶瓷生产时的天然气价格承受能力。

### (三)计算公式

$$P_{gmax} = (P_c/Q_m)(K_g/K_b) + F_a$$

$P_{gmax}$ 为该类产品使用天然气所能承受的最高价格;$P_c$ 为使用水煤气生产单位天然气每套装置的成本;$Q_m$ 为每套水煤气装置日产生水煤气的量;$K_g$ 为天然气的热值;$K_b$ 为煤炭的热值;$F_a$ 为其水煤气的除尘

费用。

（四）测算实例

四川省最大的陶瓷生产基地在夹江县。四川省最大的陶瓷生产基地在夹江县。2016年共有246座煤气炉，98家陶瓷企业。天然气最大的竞争能源为水煤气，采用"替代价值法"，并以水煤气为替代物来计算天然气在四川陶瓷生产中的价格承受能力。

以下数据按照日产15万立方米水煤气的规模装置计算，固定资产折旧期限10年，每天耗煤大致为48吨（每吨煤产生50千克的煤焦油，可实现收益），耗电功率为100千瓦，需工作人员21人，一般每年维修两次，5万元/次，总维修时间在18个工作日内。

（1）按购置日产15万立方米水煤气装置投资，折旧年限10年测算，折算日折旧费用为909元。

（2）每套水煤气生产设备每天耗煤直接费用为：554元/吨×48吨=26592元。

①夹江地区水煤气发生炉所使用的煤炭，到厂价格为554元/吨（包含人工、运费等）。

②在水煤气制作过程中煤炭有10%会变成粉煤，不能制作水煤气，只能卖出，一般能抵消购进成本，不参与成本计算。

③制作水煤气后产生的煤渣能卖到砖厂或水泥厂，其收益一般能抵扣其处理成本，不参与成本计算。

④由于调研时间为煤炭产业的旺季，其价格相对于全年来说是处于最低状态，在煤炭产业淡季时煤炭价格大致会上浮10%。

（3）每套水煤气生产设备每日耗电量费用为：100千瓦×24时×0.75元/千瓦时=1800元。

（4）每套水煤气生产设备每月需支付人工费用大致为9万元，日需支付人工费用为：3000元。

（5）每套水煤气生产设备每次维修大致费用为5万元，每年需维修两次，折算日维修费用为：274元。

（6）每套水煤气生产设备每天由产生的煤焦油所获得的收益为：

50千克/吨×48吨×1200元/吨=2880元

因此，每套水煤气生产设备的日耗费为：

909+26592+1800+3000+274−2880=29695元

折合每方水煤气的价钱为：

29695元÷150000立方米=0.198元/立方米

水煤气的热值为5443千焦～5862千焦，取5443千焦计算，天然气的热值按35588千焦计算，计算得知水煤气和天然气的比值为6.5384。

水煤气折合成天然气价格为0.198元/立方米×6.5384≈1.294元/立方米，算上水煤气除尘除硫费用0.2元/立方米，陶瓷天然气价格承受力为1.294元/立方米+0.2元/立方米=1.49元/立方米。

### 三、化工化肥

天然气是制合成氨、生产尿素、甲醇等化工化肥的原料，天然气的价格对化工化肥用户的生产成本有较大的影响。这里只选取尿素生产、甲醇生产两个应用领域来测算天然气价格承受能力。

（一）天然气制甲醇、尿素、合成氨

生产化工化肥的天然气市场价值采用资产定价法进行评估，即考虑这些产品项目的投资、成本，在获得一定收益率的情况下，根据产品出厂价格测算天然气市场价值。

（二）计算方法

天然气是制甲醇、合成氨生产尿素等化肥的原料，天然气的价格对化工化肥用户的生产成本有较大影响。通常采用净回值法，利用企业的生产成本和产品的市场价格来评价其气价承受能力，利用化工化肥生产企业的成本指标和天然气价格变动对化工化肥销售价格的影响来评价。

（三）计算公式

$$P_g = \frac{P_a/C_f + C_b - C_a}{Q_g \times C_s}$$

设 $P_g$ 为该类用途的天然气价格，$Q_g$ 为该类用途生产单位产品消耗的天然气量，$P_a$ 为天然气某用途最终产品通过市场竞争机制形成的单位产品价格，$C_f$ 为单位产品的增值税，根据每年国家对相应产品的征税要求来定；$C_b$ 为单位产品的副产品收入；$C_a$ 为除天然气外的其他完全成本，其中包括营业费用、财务费用、管理费用期间费用，可从生产企业的《成本分析表》中取得；$C_s$ 为天然气增值税。

（四）测算实例

下面以甲醇、尿素用户作为化工用户代表进行价格承受能力测算。在中国甲醇生产构成中，约60%的甲醇产量是以煤为原料，30%以天然气为原料，10%以焦炉气为原料。天然气制甲醇用户的气价执行工业用气价格，其价格承受能力与企业的生产成本和产品的市场价格密切相关。截至2020年9月，资讯平台价格显示川渝地区甲醇的出厂价格为1913元/吨，根据调研，资讯平台报价较厂家真实出厂价格高出50元/吨，按交易价格低于出厂报价50元/吨测算。在当前技术经济条件下，中国天然气制甲醇的非气成本平均约450元/吨，副产品收入为800元/吨，其他成本为350元/吨，吨甲醇的天然气消耗量约1000立方米，产品增值税为13%。

尿素出厂价格取2020年9月川渝平均尿素出厂价格，为1598元/吨，根据调研得出资讯平台报价较厂家真实出厂价格高出50元/吨，按交易价格低于出厂报价 50 元 / 吨测算。中国天然气制尿素的非气成本平均约 680 元 / 吨,生产 1 吨尿素耗天然气 690 立方米,产品增值税为 9%。

将以上参数代入"净回值法"计算公式,得到生产甲醇的天然气价格承受能力为 1.42 元 / 立方米;生产尿素的天然气价格承受能力为 1.17 元 / 立方米。

表 4-2 生产甲醇、尿素的天然气价格承受能力计算表

| 序号 | 指标 | 单位 | 2020 年 | |
|---|---|---|---|---|
| | | | 甲醇 | 尿素 |
| 1 | 价格 $P_a$ | 元 / 吨 | 1913 | 1598 |
| 2 | 产品增值税 $C_f$ | — | 13% | 9% |
| 3 | 天然气增值税 $C_s$ | — | 9% | 9% |
| 4 | 天然气单耗 $Q_g$ | 立方米 / 吨 | 1000 | 690 |
| 5 | 除天然气外的其他完全成本 $C_a$ | 元 / 吨 | 350 | 680 |
| 6 | 公式:$P_g = \dfrac{P_a/C_f + C_b - C_a}{Q_g \times C_s}$ | | | |
| 7 | 生产甲醇的天然气价格承受能力(元 / 立方米) | | 1.42 | 1.17 |

产品出厂价格:咨询平台出厂价格减去 50 元 / 吨。

## 四、发电与分布式能源

目前,天然气发电多用于调峰,天然气市场价值可采用替代成本法和上网电价反推法进行评估。

(一)天然气发电

天然气发电的原理是燃烧天然气把水变成蒸汽,再用蒸汽推动汽轮机带动发电机运转而发电,属于一般的火力发电,其效率较低。天然气联合循环发电则是将天然气燃烧时产生的高温烟气,推动燃气轮

机，进行一级发电，然后再利用燃气轮机排出的高温烟气加热水，产生蒸汽推动汽轮机，进行二级发电。这就是联合循环发电，效率较高。由于燃烧天然气热效率高，排放的污染物又较其他燃料少，因此被认为是最清洁的发电燃料。目前天然气联合循环发电的技术已相当成熟。已进入商业运作，且规模很大。

天然气发电与煤发电相比在技术上有两大优点：一是热效率高，即资源使用率高。二是装置运行启动、停车快，便于调峰。在经济上有四大优点。一是无粉尘排放，二是无 $SO_2$ 排放，三是 $NO_x$ 排放少，四是 $CO_2$ 排放少。

（二）计算方法

虽然天然气发电产出了可供销售的电力，但目前中国对电力价格仍然以政府控制为主，对天然气发电采取"一厂一价"的控制措施。再次情况下，采用"净回值法"来计算天然气发电的使用经济价值。

（三）计算公式

$$P_g = (P_e - C_e) \times N$$

设 $P_g$ 为该类用途的天然气价格，$P_e$ 为气电上网电价，$C_e$ 为一度电的其他完全成本，$N$ 为气电转化比。

（四）测算实例

以川渝地区为例，根据渝发改价格〔2019〕718号文，重庆对两江电厂的上网电价调整为0.4745元/千瓦时，度电其他成本为0.18元/千瓦时（参照经研院及世创咨询取值），综合考虑发电效率等因素，重庆两江电厂气价承受力为1.62元/立方米；根据川发改价格函〔2016〕143号文，达州川投天然气电厂的上网电价调整为0.504元/千瓦时，考虑度电其他成本为0.18元/千瓦时，综合发电效率等因素，达州川投天然气电厂的气价承受力为1.78元/立方米（表4-3）。

表4-3　天然气发电承受能力计算表

| 地区 | 客户名称 | 气电上网电价（元/千瓦时） | 度电其他成本（元/千瓦时） | 发电效率（千瓦时） | 价格承受力（元/立方米） |
|---|---|---|---|---|---|
| 重庆市 | 华能两江 | 0.4745 | 0.18 | 5.5 | 1.62 |
| 四川省 | 达州川投 | 0.504 | 0.18 | 5.5 | 1.78 |

## 第五节　测算结果应用

### 一、市场营销

2019年受国际政治经济环境和总部资源价格配置影响，川渝地区现有市场需求疲软，新市场增长乏力，西南油气田公司营销人员科学分析市场，全国首创"价价联动"机制，逐月对可中断客户根据下游产品市场价格和价格承受能力进行测算，根据天然气资源情况和客户产品市场价格实际，结合国家价格政策和总部营销策略，适时调整以天然气为原料及调峰电厂等客户天然气销售价格，最大限度地发挥可中断客户调峰作用，增销增效成果显著。在助推营销效益的提升同时，最大限度地发挥可中断客户调峰作用。

### 二、市场开发

2016年，中国石油西南油气田公司供气的夹江区域因天然气价格高、压力不稳定、气量保障难等诸多原因，导致该区域大部分使用天然气的工业客户转用价格低廉的"水煤气"。该区域天然气日用气量最高达到过160万立方米，但随后大幅下滑到日用气量仅20万立方米左右，一次能源消耗的市场份额大幅下。

2016—2017 年，西南油气田公司为进一步强化公司的扩销增效，拓展天然气市场规模，在燃气分公司对夹江"煤改气"项目调研的基础上，联合夹江政府走访调研了 98 家陶瓷企业，对该片区的陶瓷用户进行天然气价格承受能力测算，实施量大从优的阶梯气价对陶瓷用户予以优惠，取得了夹江陶瓷企业的大力支持。最终成功推动 83 个"煤改气"项目实施，新增用气量 2.03 亿立方米；全面实现夹江、丹棱、洪雅等川西片区陶瓷企业煤改气示范项目，全年"煤改气"增销 5 亿立方米。陶瓷产业集群产值达 88.32 亿元，同比增长 22.93%；工业总产值 56.73 亿，同比增长 23.41%。2017 年 4 月空气优良天数 20 天，优良率 76.9%，同比提高 27.2 个百分点，环比提高 25.8 个百分点。

# 第五章　天然气市场开发

天然气是现今社会十分重要的能源资源,对社会的经济发展起到至关重要的作用。正因为天然气能源这一重要价值,各个国家逐步对此提高了重视程度,天然气能源是经济发展的重要推动力量,对经济的稳定进步具有十分重要的影响。在现今社会发展条件下,为进一步确保环境污染程度的降低,实现国民经济的持续发展,必须充分开发利用的天然气资源开发和培育天然气市场。

## 第一节　存量市场开发

一、存量市场开发

存量市场开发主要是指现有天然气市场中,个别新增客户的开发和老客户扩能或新增区域的开发。此类市场开发工作,通常涉及现有市场范围内老客户的变更和新用户的出现。

天然气销售部门和市场开发部门要根据审批权限的不同对新增客户、老客户扩能新增区域及客户进行审查,对市场开发方案、参与主体的合规性进行审查,做好新增用户的管理以及推动接气工程的同步投产。

以 ZSH 在大华北地区的市场开发为例。大华北市场是 ZSH 主要的销售区域，其市场涵盖山东、河南、内蒙古、陕西、山西等省（自治区），市场需求量大且价格承受能力较强。ZSH 通过五项措施不断拓展市场。一是优化资源配置，巩固现有市场份额。确定重点目标市场和保供客户，利用有限资源，充分发挥区域内重点用户的调峰作用。在山东巩固青岛、潍坊、日照等区域市场份额，使之保持在 70% 以上，力争济南、德州等区域市场份额在 50% 以上，争取淄博、泰安等地区市场份额在 30% 以上。豫北市场，开发安洛线沿线市场，根据市场需求逐年增加资源供给。二是加大市场开发力度，为 LNG 上岸储备市场。重点做好现有管线和规划管线沿线市场开发，根据不同地区需求量、用气结构、价格承受能力等因素细分市场，确定 LNG 资源流向配置。LNG 接收站建成投产后，大部分资源将主要用于满足山东市场需求，部分资源通过联络线输配到江苏市场。新增和替换出的部分榆济线资源优先满足豫北市场。积极参与华北区域天然气发电和分布式能源项目的规划和开发，争取使项目的投产时间与 LNG 上岸时间相匹配。三是加快管道建设，完善区域管网。目前济青管道输气能力有限，尽快启动鲁南管线建设，有利于保障胶州以东资源供给以及开发日照、临沂等 LNG 目标市场，形成山东省内管道环网，提高应急保障能力。同时在烟台、威海布局地方管网，为分销青岛 LNG 做好准备。完善豫北管网，为 LNG 上岸和非常规资源提供储备市场。组建冀南管网公司，开发冀南市场，依托该管网和安济线进军冀中市场。四是加强供求管理，完善市场管理结构。探究资源需求短期大幅度增加、局部地区卖方市场向买方市场转变过程中市场需求变化规律，深入研究多气源用户的用气规律，建立多气源供气格局下销售管理模式，努力实现向多气源用户的平稳供气。研究天然气资源供应多元化格局下的资源整合与分配。优化资源流向；摸索 LNG 资源、非常规天然气资源的市场投放规律，关注 ZSY 资源投放、管网建设等方面信息，积极寻找资源不足市场，提出竞争策略。五是加强合作，提高供气稳定性。加强与重点目标市场客户的沟通合作，适时与客户签订中长期合同，提前锁定LNG目标市场。建立与中国石油、中国海油应急互保联动机制，加强合作，相互支持，保障供气安全。分利用储气库区位优势，发挥季节调峰、应急保障等作用，提高供气稳定性。

## 二、天然气管道延伸

主要是指伴随着天然气管道的建设而发展起来的周边市场。该类型市场通常是未开发的新市场，营销人员面临的基本都是潜在客户，这需要营销人员更为仔细地甄别市场潜力，对潜在用气项目开展细致的调研。

**以处于起步期市场的陕京线为例**

随着"气化陕西"工程的快速推进，陕西省107个区县均已通气，但由于乡镇经济发展水平远低于大中城市，居民经济承受能力有限，其通气时间多为2005年前后，如宜君县、黄陵县等。截至2014年年底，该类市场年用气量低于1800万立方米，用气阶段处于起步期，属小型晚期类。相对而言，乡镇的居民居住地较分散，不适用城市天然气管网的环状布局，为此应根据当地的乡镇规划，确立以逐步发展为原则的布局思路。于长输管道暂未敷设到位或暂时不具备敷设条件的乡镇，宜优先选择CNG供气方案。又因为乡镇供气起步期设施缺乏规模化，市场容量小，用气结构较为单一，即多为城市燃气，因此市场开发的重点应为城市燃气类。

针对经济欠发达的偏远地级城市，如安康市、洛商市等，长输管道铺设相对晚，可将其划为中型近期类，用气阶段也处于起步期。但因这些地区城市化程度高，用气量绝对增长值远高于同期的县乡级用户。因此在开发该类市场时，既要关注城市燃气类，又要吸取先期通气的西安市、咸阳市等同类城市的教训，要构建良好的用气结构，大力发展工业用户，发展天然气空调、天然气汽车等调峰用户。

随着输配管网覆盖面的扩大，成长期市场的用气量表现出绝对增长量大、相对增长率高的特点，这一方面是因为城市燃气用气量持续高速增长，另一方面是相关部门积极实施"道路气化"工程，即有序发展 LNG 和 CNG 汽车，建设 LNG/CNG 加气站，发展交通燃料用气。通过对上述优质用户的开发，可以改善用气结构，有助于提高长输管道的利用率，从而使经济效益最大化。

### 三、通过竞争或并购等方式获取市场

随着市场规模不断扩大，川渝天然气市场参与者不断增加，ZSH、四川省天然气投资公司（简称"省天投"）、新奥燃气、港华燃气等纷纷参与市场竞争，其他燃气公司主动参与。通过竞争、并购等方式不仅稳住了现有市场，逐步拓展了新区域，还实现天然气销售"量效齐升"。

一是资源合作开发市场。以当前突出的供需矛盾为契机，变"危"为"机"，依托上游稳定的资源保障，强化合作策略，有效拓展终端市场。H 公司以资源取得了 ZX 合资合作项目；R 公司利用气源优势已与邛崃市政府达成初步意见，与政府平台合作组建区域平台公司共同开发天邛产业园区，同时，还取得了乐山"一总部三基地"，都江堰经开区的供气权。

二是股权换市场。部分天然气公司通过向政府平台公司出让部分股权以获得更大的经营区域，如 K 燃气出让部分股权，使经营面积扩大了 20 倍。

三是价格策略稳市场。终端公司以灵活的竞价策略，稳住了竞争市场。如在竞争激烈的重庆长寿区域，公司决策同意 Y 公司按门站价

销售，稳住了市场；X 公司持续依托阶梯气价价格策略，稳固丹夹片区规模"煤改气"成果，严防水煤气再次回头。

四是合资合作发展市场。利用自身优势，制定有效竞合策略，加强合资合作，不断拓展终端市场。为有效解决终端公司与省天投竞争事宜，XNYQ 与四川省天然气投资公司进行了多轮谈判，最终达成在南充开展合作试点的意向，成立合资公司，共同发展竞争市场，共同参与国有燃气公司改制，如并购南部天司。H 公司与广西新能能源合资合作拓展市场规模，H 公司收购广西新能能源 51% 股权，取得了广西百色百东区、平果市、田阳区和田东县等区域等 700 平方千米的经营权。

五是以管为渠道开辟市场。坚持有管道才有市场的理念，强化管道建设为市场拓展筑牢基础。C 公司先后投资新建了万州－云阳天然气供气管道工程、玉成－贾家－成资工业园、崇州－锦江，丹夹复线等项目，确保了沿线终端市场的发展。

## 第二节 新市场开发

### 一、与地方政府共同规划发展市场

扩大天然气利用规模，带动相关产业发展，增加地方财政收入，扩大就业，促进地方经济发展是新市场开发的重要方式。通过与地方政府合资合作、帮助政府招商引资共同开展市场规划等方式，增加地方政府价值。与地方政府建立沟通机制，形成顺畅的企地关系，为公司发展提供良好的外部环境。终端公司与地方政府投资平台开展合资合作，利用地方政府资源，可以进一步稳固市场份额，更加有效应对市场竞争。

以 CE 市公司开发沈大天然气管线途径 D 市为例。M 公司新市场开发战略总目标是，大力实施"集中发展、合资经营、支线优先"的新市场开发战略，积极完成对辽宁省各市全面供应天然气的构想，坚持水平一体化思路开发市天然市场，重点发展工业天然气、城市天然气和汽车天然气三大业务。

第一阶段为发展初期。这一阶段主要目标是完成合资公司组建，完成支专线管网建设，实现天然气在 D 市的销售。主要任务是 M 公司与 D 市签订《开展 D 市天然气业务的合作框架协议》，确定公司认可的战略合资方，分工负责加快合资公司组建，以合资公司为主体开展 D 市的新市场开发工作。尽快完成《D 市天然气专项规划》，取得三个工业园区的天然气经营许可证，获得特许经营经营权。加快工程项目相关手续办理，完成一条支线、三条专线、城市门站、CNG 母站建设，实现天然气的销售。持续加强与 D 市市政府的沟通和联系，就提高城镇天然气价格进行谈判，继续开展市场调研工作，掌握全市用户的用气需求情况，力争取得更多的重点县区的天然气经营许可证，对加气站进行规划布局。

第二阶段为快速发展期。主要目标是建设完成全市、重点县区天然气管网和加气站选址与建设，推动小工业用户、出租车、重型卡车的天然气设备改造，合资公司治理结构完善，高效、依法、依规运行，管理规范，能为用户提供优质服务，管理水平高，公司获得满意收益。这一阶段主要任务是天然气管网覆盖全市重点区县，天然气管线铺入三个工业园区，工业园区的工业用户实现天然气的全面供给，天然气管线铺入新旧城区，实现小区居民天然气入户，天然气加气站和小工业用户、出租车、重型卡车的天然气设备改造基本完成，能够满足全市车辆和小工业用户的用气需求。实现新建居民小区天然气入户。

第三阶段为跨越发展期。主要目标是天然气下游市场占有率达到

50%以上，把合资公司打造成D市最大的天然气企业，市以上县镇被天然气管网覆盖。主要任务是继续推进县乡天然气管网建设，积极开展与天然气相关业务，涉足天然气装备制造，天然气管线装配等业务，进入天然气业务相关产业链，把公司规模发展变成规模效益。

通过对公司内外部环境进行综合分析，在明确公司开发天然气市场的战略总目标及阶段目标的情况下，制定了M公司开发天然气市场应该采取"集中发展、合资经营、支线优先"的新市场开发战略方案。

## 二、争取政策落地

通过与当地政府建立良好的沟通渠道，主动提出天然气利用发展方向，争取在交通、发电、分布式能源等方面取得政府出台支持政策，或者采取与政府投资平台公司合作的方式，争取更多有利政策。

以ZY天然气公司为例

加强政策引导，调整产业结构。在各地治理雾霾，改善环境质量的强大压力下，天然气作为清洁能源、优质能源，对优化能源消费结构、改善大气环境具有重要作用。要抓住发展机遇，加强政策宣传，引导当地政府大力发展天然气产业，加快"煤改气"工程。统筹天然气发展的经济效益、环境效益和社会效益，完善相关财税政策，稳步扩大天然气消费市场。引导天然气合理消费，提高天然气利用效率，优化天然气消费结构，将城市燃气和工业燃料作为今后天然气消费的主要方向。鼓励和引导天然气发电，适度控制化工用气。

做好市场调研，储备市场需求。通过逐步加大市场调研力度，与各地区发展改革委、城市燃气公司共同开展区域市场调研工作，对用气结构、用气计划认真进行排查，了解有效需求。筛选优质、有开发潜力的用户，储备市场。摸清天然气供应企业的价格策略，在区域价格政策的指导下，加强服务理念，完善服务态度，建立沟通机制，树立为客户排忧解难的思想，逐步开发抢占市场。

降低供应成本，开展示范效应。改变以往主要开发城市燃气公司的方式，采取开发直供工业用户和城燃公司并举的策略，通过"联合直供"等灵活多变的手段，将上游价格优惠最大限度地传递到最终用户，降低企业的用气成本，增强天然气使用意愿，达到扩大销售规模的目的。在不同地区实施差异化营销策略，根据当地产业结构不同，选择当地最有代表性的企业进行一对一贴心服务，合理制定直供用户的用气规模，确保每个县域都能向产业龙头企业供气，起到带头示范作用。

紧密联系天然气热电联产项目，加快开发力度。从全球来看，发电用气量占总用气量的比重约为37%，发电是天然气最主要的利用途径。从国内来看，在环保压力下，各地正在实施"碧水蓝天"工程项目，特别是加大了燃气电厂的布局和建设，例如，能源企业保利协鑫在江苏、浙江等经济发达地区已布局了数十座燃气电厂，在河北邯郸等空气重污染地区正进行燃气电厂项目的审批，可通过积极支持其在河南兰考、濮阳等地的燃气电厂立项工作，提供气源支持，规划实施供气专线，确保热电联产项目前期工作顺利推进，带动本企业的天然气业务发展。

延长产业链，拓展车用燃气业务。在开拓市场的同时，积极探索天然气产业发展趋势，拓展省、县级交通要道及重点乡镇车用燃气业务，通过CNG加气站、LNG加液站、终端燃气市场LNG点供业务等项目的实施，以点带面助推乡镇天然气项目实施，践行社会责任，进一步打造天然气下乡示范工程。

通过合资合作，共同开发市场。在多省交接地区，天然气管道存在"断头路"的现象，各管网间的瓶颈工程严重制约了互联互通管网项目的实施。通过认真分析，选取发展潜力好的项目开展合资合作，对现有管网企业参股或控股，绑定下游用户，建设"脱瓶颈"工程，建立桥梁工程，快速打通各断头管网，扩大输销量。例如，ZY 天然气公司已完成邯郸合资公司的注册及组建工作，依托豫北支线及联络线、濮阳环高压管网、菏泽支线等管道项目，注册成立安阳、濮阳、菏泽等合资公司，发挥股东方各自优势，快速推进项目建设，进入较为成熟的天然气市场，以较少的投资，获得良好的市场效益。

## 第三节 天然气市场调研与报告撰写

### 一、天然气市场调研

天然气市场调研是天然气市场开发工作的基础，其目的主要是未来天然气市场开发决策，采用科学有效的方法对天然气市场上的各种信息进行系统的收集、整理、分析和研究。主要包括了天然气市场环境调查、市场需求调查（重点）、竞争对手调查等。

**现场调研法**

市场调研的方法很多，但最实际最有效的的手段依旧是现场对客户开展实地调研，即现场调研。现场调研过程中与市场上的潜在开户开展直接、有效的面对面沟通，获取潜在客户的第一手资料，能够对当地市场获得更为直观和准确的判断。

通常情况下，市场调研分为特定对象的市场调研和摸排性市场调研。特定对象的市场调研主要是围绕着潜在用气对象的基本情况，项目用气需求，用气配套设施建设以及存在的问题等方面开展。摸排性市场调研，如开展供气区域内的工业园区调研、竞争对手调研、空白市场调研等。主要目的是寻找新的市场和潜在用气项目。

（1）城市燃气公司，一般需要调研客户基本信息、历史用气情况、下载点、交付压力，终端用户数（居民、公服、小工业、加气站等用气量及价格），未来几年用气量，替代能源及其价格。

（2）工业用户，包括工业染料客户、天然气发电客户、天然气化工客户等。一般需要调研客户基本信息，公司股权价格，项目基本情况，单位产品气耗、工艺流程、用气环节，有无替代能源及能耗情况，未来几年用气量预计。

（3）工业园区，包括供气管道走向，接气站点，区域特许经营权授予情况，企业入驻情况，能源供应情况，未来发展规划等。

## 二、调研报告撰写

市场调研报告的格式是多样化的，其具体结构、格式和风格因调研项目的需要和调研性质的不同而不同。市场调研报告通常包括但不限于以下要素：天然气市场环境（包括人口环境、经济环境、自然环境、社会文化环境等宏观环境，以及公司、中间商、竞争对手等微观环境），市场参与者（供气企业、燃气公司、天然气客户），具体项目的基本信息（包括公司名称、注册资金、股权构成、联系人及职务、联系电话），项目的建设状态（建成、在建、规划、招商引资），所处地理位置，主要用气环节（工艺流程、产品单耗、有无替代能源等），以及未来几年的生产规划和用气量。

报告的内容主要包括以下六个部分：总论、项目基本情况、项目用气需求分析及价格承受能力、项目建设进展情况、接气方案比选、结论与建议。

在"总论"部分，应包括调研背景，说明调研任务的由来；调研人员、对象、调研时间等信息。

在"项目基本情况"部分，主要描述该项目的由来，股份构成合规手续情况、政府的态度以及项目目前所处的建设阶段。

在"项目用气需求分析"部分，详细介绍该项目的市场情况：城市燃气项目主要介绍地理位置、行政区划、人口情况、城市发展规划、经济水平、工业企业、能源生产供应、天然气利用等情况；工业项目着重介绍项目的工艺、用气特性、产品单耗、替代能源等情况。城市燃气项目主要分析居民、公共服务、天然气汽车、转供工业等用气需求，汇总得出项目的用气需求。工业项目根据生产设备能耗、装置规模、产品下游市场等分析用气需求。价格承受能力则根据现场调研与项目方访谈情况，当地替代能源比价关系确定项目的价格承受能力。

在"项目建设进展情况"部分，主要对项目的目前建设进度，计划投产时间，以及当前遇到的困难进行描述。

在"接气方案比选"部分，主要对项目的气源、供气管道的走向、建设主体、投资建议等进行分析，提出多重方案供公司决策。

在"结论与建议"部分，应明确项目用气潜力、政府态度、用户价格承受能力等信息，明确该项目是否值得介入，推荐接气方案及建设模式等。

# 第六章 天然气市场营销策略

中国天然气产业历经几十年发展，经过三个阶段，目前已经进入全国范围内各大经营主体专业化销售阶段。在营销策略上，定价、渠道等策略有传统的 4P 营销的特点，同时，资源配置、线上交易、服务等特色策略也具有天然气行业的特点，两类策略结合，共同构成了天然气市场营销策略。

## 第一节 营销策略发展阶段

目前中国的天然气营销体系是以产品为中心，实行"资源－管道捆绑"批发和零售销售模式。中国天然气经营从油气田自产自销开始，经历了几十年的时间，逐步形成了与不同发展阶段相匹配的营销策略。

第一阶段：油气田周边小规模批发为主以及公用事业改革后初步零售。在 1997 年以前，由于未建立跨省管道，天然气资源不具备外输条件，只能以油气田公司自产自销、就近供应为主，并通过指定部门以批发的方式来实现销售。1997 年 10 月，陕京一线跨区域管道建成投产，国内天然气进入跨区域销售的新阶段。2002 年公用事业改革，获得专营权的燃气公司大量出现，为全国的天然气终端零售体系的建设奠定了基础。

第二阶段：跨区域捆绑批发以及区域化零售。在 2004 年 12 月 31

日西气东输正式商业运作后,中国的天然气行业进入快速发展期,开启了全国性大规模、跨区域销售的开端,拉开了天然气产业化发展的序幕。此时,天然气的批发零售、终端应用等天然气营销环节的雏形初步形成。批发方面以石油公司捆绑式销售(资源、管输和销售捆绑)为主,终端零售主要以跨区域及地方燃气公司为主。2006 年随着进口 LNG 进入国内市场,在东南沿海地区围绕 LNG 接收站开展天然气进口、加工、销售、利用业务一体化经营。此阶段具备资源条件的石油公司的天然气营销业务长期和资源捆绑在一起,销售板块未独立经营。

第三阶段:全国范围内各大经营主体开始专业化销售。2016 年 5 月国家推动石油天然气体制改革,推行"放开两头、管住中间"的改革目标,各石油公司开始逐步实行"输销分离"。2016 年 11 月,中国石油实行"天然气销售分公司—区域天然气销售分公司"两级管理架构,开始将天然气销售业务单独运营。2017 年 5 月中国石化实施大区域销售中心并下辖若干省级销售部的销售体制。中国海油重点针对 LNG 开展市场业务拓展,由各省成立的销售公司负责 LNG 销售业务。终端零售仍由大型燃气公司或在本区域具有较强控制力的城市燃气公司主导。然而,在天然气产业的改革发展中,各种企业和资本谋划参与天然气营销环节,例如中国石化 2017 年成立长城燃气,中国华电集团有限公司 2016 年成立华电清洁能源公司,江西省投资集团有限公司合资成立江西省投资燃气有限公司等。虽然中国提出"输销分离"的改革思路,但中国天然气资源主要由中国石油、中国石化、中国海油三大石油公司掌握,天然气批发的主体也主要为这三大公司。零售的主体则相对较为多元化,包括省级资源供应商、管网公司、区域管网公司、城市燃气公司等。

传统的天然气市场营销主要问题是资源主导性强,市场的话语权相对薄弱,且销售仍以产品为中心,价格市场化机制尚未形成,客户营销服务不突出。其次，终端市场开放程度不足，新营销主体参与壁垒高、环节多，天然气营销的功能和作用无法有效体现，天然气经营价值不明显。

## 第二节　资源配置策略

### 一、资源配置方式

#### （一）资源配置

资源配置是指根据社会需求，组织物资资料、设备、资本、劳动力等生产要素，对相对稀缺的资源在各种不同用途上加以比较做出的选择。在社会经济发展的一定阶段上，相对于人们的需求而言，资源总是表现出相对的稀缺性，从而要求人们对有限的、相对稀缺的资源进行合理配置，以便用最少的资源耗费，生产出最适用的商品和劳务，获取最佳的效益。从微观角度考虑，资源配置表现为资源在时空数量与质量的统一，时间、空间、用途和数量构成了资源配置的四大要素。

在社会化大生产条件下，资源配置有两种方式。

（1）计划配置方式。计划部门根据社会需要和可能，以计划配额、行政命令来统管资源和分配资源。在一定条件下，这种方式有可能从整体利益上协调经济发展，集中力量完成重点工程项目。但是，配额排斥选择，统管取代竞争，市场处于消极被动的地位，从而易于出现资源闲置或浪费的现象。计划调节的功效取决于一定的社会经济条件，有其适用的基础和领域，超出适用的基础和领域，计划调节的功效会力所不及，失去效力。

（2）市场配置方式。依靠市场运行机制进行资源配置的方式。这种方式可以使企业与市场发生直接的联系，企业根据市场上供求关系的变化状况，根据市场上产品价格的信息，在竞争中实现生产要素的合理配置。但这种方式也存在着一些不足之处，例如，由于市场机制作用的盲目性和滞后性，有可能产生社会总供给和社会总需求的失衡，产业结构不合理，以及市场秩序混乱等现象。

（二）资源优化配置

资源优化配置指的是能够带来高效率的资源使用，其着眼点在于"优化"，它既包括企业内部的人、财、物、科技、信息等资源的使用和安排的优化，也包括社会范围内人、财、物等资源配置的优化。资源的优化配置主要靠的是市场途径，由于市场经济具有平等性、竞争性、法制性和开发性的特点和优点，它能够自发地实现对商品生产者和经营者的优胜劣汰的选择，促使商品生产者和经营者实现内部的优化配置，调节社会资源向优化配置的企业集中，进而实现整个社会资源的优化配置。

1. 供应、需求和管理有机融合

根据企业资源的结构，针对目前的常规气、非常规气、进口气、互联互通代输气和储气库气，进一步优化"标签化"管理。持续开展资源采购、配置和价格适应性研究，建立资源采购和配置优化模型，取得合理的资源采购价格，科学配置资源，降本增效。

2. 资源、价格和市场有效匹配

强化市场分析，优化资源结构和配置。一是兼顾量价效，善用价格杠杆，确保资源与市场平衡。紧贴市场，精细价格策略，平衡各方利益，依规科学，精准分类施策，不断激发市场活力，实现政府、企业和客户三方共赢，确保效益最大化；二是科学配置合同量，探索长期购气合同，稳定销售促增量。

3. 预留、市场和外输有机平衡

合理统筹区域资源流向，首先考虑资源就地销售，区域内无法消纳的资源量采取外输销售。充分考虑下游市场用气规律，适时优化分月和重大节假日排产计划，合理安排生产进度，优化检维修安排，确保资源地全产全销和区域市场健康发展齐头并进。

## 二、资源配置策略

### （一）天然气市场供过于求的资源配置策略

1. 针对以天然气为原料的客户的资源配置策略

保供保量。通过客户调查反馈意见，此类客户最大的痛点是阶段性供气紧张之下的断供。针对这一点，通过合同明确约束，在阶段性紧张时期，由供方调配气源，在不增加客户成本的情况下，确保作为生产原材料的天然气供应，保障客户生产经营活动顺利进行。

2. 针对一般工业客户的资源配置策略

长期稳定供气保障。用气量较大的客户，且天然气的稳定供给直接影响着企业生产经营活动的正常开展。营销工作中要打破淡季旺季的季节性观念，承诺以多元化、多品种填补旺季阶段性供气紧张情况，为客户实现稳定供气，将产品实用功效与长期稳定合作的供需双方情感利益结合在一起，维持现有市场份额。

3. 针对城市燃气客户的资源配置策略

多渠道争取客户调峰。城市中比较好的调峰客户是学校食堂和燃气中央空调的用户，尤其是各类高校在校生数量多、平时用气量大，且在春节民用高峰期间处于放假状态。大型商场和写字楼使用的燃气中央空调，长期使用比电能更经济，夏季居民用气量低时是空调高峰期，刚好形成互补。这两类调峰客户一是可以提高企业天然气产品售卖收益，二是可以在淡季时减缓天然气胀管憋库的压力，合理发展城市燃气客户，优化客户结构至关重要。

### (二)天然气市场供需平衡的资源配置策略

1. 针对以天然气为原料的客户的资源配置策略

针对以天然气为原料的客户用气量较稳定、客户的忠诚度较高、天然气占生产成本比例高的特点,在市场供需平衡时,对此类客户主要采用巩固策略。为了保障供气的安全,应加强战略储备建设,积极开发与组织天然气资源,确保多元化供应,增加天然气资源保障能力;建立高效的应急管理体系。公司开展应急平台建设,加强应急预案管理,保证天然气供气安全运行的能力,分区域编制具有可操作性的天然气供应紧急事故应急预案。用这一系列措施来保障以天然气为原料的客户的持续、安全的生产。

2. 针对一般工业客户的资源配置策略

在对天然气销售计划上,对工业类客户要有着一定的资源倾斜。用气连续性生产行业对天然气持续保障能力要求较高。因此要主动与他们的工厂检修(天然气净化厂和客户自身生产厂)等重要生产环节进行协调,共同安排好供气和用气工作,保障整个环节的流畅的运行。良好的用户体验,不仅提高了用户满意度,也会进一步成就中国石油良好的企业形象和口碑,起到了变相宣传的作用;

3. 针对城市燃气客户的资源配置策略

针对城市燃气客户冬夏用气差异较大、具有不可中断性等特点,在天然气市场供需平衡时,仍然要坚持运用调节峰谷的方法,时刻对其保障供应。

### (三)天然气市场供不应求的资源配置策略

1. 针对以天然气为原料的客户的资源配置策略

需要科学的峰谷调度,在生产过程控制及调度中运用先进科学的SCADA系统,去确保整个输配系统的安全,顺利实施移峰填谷措施,在一定程度上缓解供求矛盾。及时适度增加自身供给能力,完善目标市场的供气管网，加快地面配套设施建设；对受管线瓶颈限制不能满足用气需求的用户，应加快管网改造力度，同时引导部分新入驻企业入驻到企业较少的园区。同时以客户为中心，加强与客户的沟通并提供配套的增值服务，树立良好的企业形象。

2. 针对一般工业客户的资源配置策略

在供不应求的情况下，企业要保证现有产量的不会下降，做好各方面的应急措施，比如季节性的应急方案等。在保证产量不下降的同时，逐步增加产能，提高产量，满足客户的需求。完善调峰机制，增设调峰设备，与政府一起商量应对方案与方式。保证高峰时段用户的使用问题。

3. 针对城市燃气客户的资源配置策略

国家发展改革委、国家能源局 2015 年发布了《关于实行保证民生用气责任制的通知》，要求建立保障民生用气责任制，明确任务分工和责任追究机制，切实保证民生用气需求。在高峰时段供需紧张情况下，地方各级人民政府和天然气销售企业和城镇燃气经营企业均制定应急预案，优先保障民生用气需要。

## 第三节　价格策略

### 一、定价方法

企业制定价格的上限是消费者对产品价值的看法，如果顾客认为产品的价格高于产品的价值，就不会购买产品；而成本为价格规定了下限。

（一）基于顾客价值定价

定价决策的其他营销组合决策一样，必须以顾客价值为起点。有效的客户导向的定价策略需要了解消费者认为从产品中获得的利益有多少价值，并设定能获取此价值的价格。

（二）基于成本定价

基于成本定价方法所制定的价格，不但能够弥补生产、分销和促销产品的全部成本，还能带来适当的利润。

（三）基于竞争定价

基于竞争定价包括基于竞争者的策略、成本、价格和市场服务等设定价格。消费者会依靠竞争者为形似产品的定价做出对产品价值的判断。

## 二、新《中央定价目录》对天然气销售定价的影响

中国天然气定价总体呈现逐渐放松管制，扩大市场化定价的特点。2020 年 3 月 16 日，国家发展改革委发布新版《中央定价目录》（简称"新版《目录》"），自 2020 年 5 月 1 日起施行。2015 年公布的《中央定价目录》同时废止。新版《目录》，对天然气门站价格与销售定价产生了以下影响。

（一）天然气门站价格管理机制改革

2020 年 3 月 16 日，国家发展改革委在前期征求意见的基础上正式发布新版《目录》，明确自 2020 年 5 月 1 日起施行，释放出进一步加速门站价格市场化的信号。较 2015 年旧版《中央定价目录》，2019 年 11 月 4 日征求意见稿将"各省区市天然气门站价格"从中央定价目录中移除，以附注的形式对现行天然气门站价格定价机制进行了规定，固化了改革成果。新版《目录》较征求意见稿出现了一些变化，对附注中"福建省用气"调整为"以及具备竞争条件省份"，扩大了适用市场形成门站价格的地区范围。从门站价格管制向油气管道运输价格管制转变。旧版将"各省天然气门站价格"列入目录，新版将油气管道

运输定义为自然垄断环节，将"跨省管道运输价格"列入目录。这表明，政府在天然气产业链中具体定价范围受到明确限制，门站价制度目前已不符合市场化改革方向。

试点放开进口管道气价，进口管道气价将呈"双轨制"。目前，中国进口管道气价格仍受管制。新版《目录》规定，2015年以后投产的进口管道天然气价格由市场形成；2014年年底前投产的进口管道天然气门站价格暂按现行价格机制管理。这意味着，下一步中国进口管道气价管理机制将呈现"双轨制"。

（二）对天然气销售价格的影响

（1）基准门站价格暂不取消，改革过渡期仍以现行门站价格管理机制为主，仍按现行机制执行。此次调整中涉及天然气的部分内容，只是把原来定价目录中与现行政策不一致的地方进行了修订，明确了下一步方向是放开由市场形成，但具体何时放开并没有明确。总体来看，关于门站价格的实质性内容与现行机制并无新变化。

（2）门站价政府指导作用将逐步削弱，将有更多具备竞争条件的省份通过市场方式形成门站价格，为全面放开"两头价格"奠定基础。新版《目录》规定：具备竞争条件省份天然气的门站价格由市场形成。在同时存在两个及以上陆上管道气独立气源供应商、又存在两个及以上独立LNG气源供应商、单个供应商的市场份额不占据绝对优势、管网储气设施实现运销分离、互联互通和公平开放的省市，可视作具备竞争条件省份。按照上述标准，江苏、广东、浙江、上海等沿海地区省（市）属于具备竞争条件省（市），门站价格可由市场形成，将推动区域内天然气市场竞争格局加剧，国产气与进口管道气、进口LNG之间气源的价格竞争也将加剧。同时，除已运行多年的上海、重庆交易中心，浙江、广东也正积极筹建，为通过交易中心形成区域价格基准奠定了良好基础。因此，将有更多的沿海省份由市场形成门站价格，现行门站价格的政府指导作用将逐步削弱，直至形成市场认可的基准价格。

（3）将气源价格单列，可根据市场状况加以调整。现行各省门站价格是根据可替代能源价格的原则确定，不能反映上游气源价格变动情况。国家管网公司成立后，市场上常见两种交易模式。一是上游供气企业在气源地直接将天然气销售给下游买方，下游买方向其支付气源费，向管道公司支付管输费；二是上游供气企业向管道公司支付管输费，在下游市场区城市门站或工厂门站实现天然气销售，下游买方将气源费和管输费一并支付给上游供气企业。无论哪种模式，气源费都可单独列出来，由上游供应商与下游买方自主协商决定。

（4）管输价格显性化，为制定管网定价办法奠定了基础。在现行门站价管理体系中，管输价格作为产运储销一体化上游供气企业的内部结算价格，与城市燃气企业、直供大用户等下游买方不发生直接关系。国家管网公司成立后，原来作为油气企业内部结算用管输价格逐步显性化，将被当作油气企业与国家管网公司、城市燃气企业、直供大用户与国家管网公司不同企业间的结算价，这为下一步单独制定油气管网定价办法奠定了基础。

（5）未来进口管道气有望结束气价倒挂问题。由于进口管道气实行门站价管制，终端销售价较低，与进口管道气价形成倒挂，造成企业亏损。如何解决进口管道气价格倒挂问题成为推进天然气价格改革的首要难题。为此，新版目录规定，2015年以后投产的进口管道天然气价格由市场形成。这就意味着，未来进口管道气不存在气价倒挂问题，气价将随市场波动。同时，供气企业也将自主承担市场风险，市场化水平进一步提高。

### 三、定价策略

**（一）上下游顺价**[①]

上下游顺价机制是指下游产品价格因受上游产品价格变动的影响而涨跌趋向一致的价格调整制度。包括顺价上调和顺价下调两种形式。下游产品价格直接与上游产品价格挂钩，即上游产品价格上涨时，下游产品随之上涨；上游产品价格下跌时，下游产品价格随之下跌。

天然气上下游顺价是针对以天然气为原料的工业客户，如化工、化肥和燃气发电行业，逐月根据下游产品市场价格变动，对客户价格承受能力进行测算，从而合理制定价格策略，及时疏导上下游价格。对产品价格成本和客户承受能力开展实时动态监控，建立价格承受力预警机制，通过预测销量走势为上游生产经营提供决策支持。灵活运用可中断调峰客户，特别是天然气发电和化工（肥）行业上下游价格联动机制，最大程度发挥其调峰作用。

**（二）阶梯气价**

阶梯气价是指居民用气量每年或每月超过基本消费量后，执行高气价。用量阶梯定价法是指不同的用气量实行不同的结算价格。为鼓励使用天然气，一般用量越多，天然气的单价应该越低。在工业用气领域，广泛采用用量阶梯定价，大型用户将享受更多的气价优惠。

2014年3月21日，国家发展改革委印发了《关于建立健全居民生活用气阶梯价格制度的指导意见》，要求2015年年底前所有已通气城市均应建立居民生活用气阶梯价格制度，将居民用气划分为三档：第一档用气量，按覆盖区域内80%居民家庭用户的月均用气量确定，保障居民生活的基本用气需求；第二档用气量，按覆盖区域内95%居

---

[①] 在实践中，被命名为价价联动机制，第七章相关内容按照"价价联动"命名。

民家庭用户的月均用气量确定,体现改善和提高居民生活质量的合理用气需求;第三档用气量,为超出第二档的用气部分。各档气量价格实行超额累进加价,第一、二、三档气价原则上按 1∶1.2∶1.5 安排。

在城镇燃气基础上,推进非居民用户用气的阶梯定价尤为必要。非居民用户,包括工业燃料、天然气发电、天然气化工等,是中国扩大天然气利用覆盖范围、拉动天然气消费量增长、实现国家天然气发展目标的主要领域。现在,非居民用气基准门站价和城镇燃气的非居民用气价与成品油价格的竞争力较弱,较之于煤炭价格缺乏竞争力。推进工业燃料"煤改气"和"油改气",气价是相当重要的因素。对非居民用户实行随气量递减的阶梯气价,不仅可以刺激天然气消费量,也符合天然气供需经济学原理。

(三)可中断气价

中国还没有真正意义上的天然气可中断用户。这对于保障管网安全平稳运行和优先类用户的用气需求极为不利。因此,对于有燃料替代能力和可以使用双燃料的工业、化工和发电用气,包括直供用户和城镇燃气公司的非居民用户,应发展其成为可中断用户,签订可中断供气合同,实行可中断气价。

发展可中断用户能为供气方节约储气调峰费用,减轻供气方的保障天然气供应的压力。国家也明确要求对承担调峰义务的企业,要推行可中断气价,体现价格折让。供气方适当降低天然气销售价格,通过减少调峰成本得到补偿;用气方根据供气方需要在高峰期停止或减量用气,通过享受天然气折价,补偿其停产损失或采购代用燃料的增加成本。对可中断用户实行价格优惠,优惠幅度应与配合供气方调峰的程度有关,与用户购买代用燃料的成本相适应。价格优惠幅度过小,不足以诱使企业成为可中断供气用户;优惠幅度过大,天然气企业难以承受,同时用户集中用气于淡季也会造成新的用气高峰。

实施可中断用户用气定价，可以先划分可中断用户等级，从优惠幅度的选择、可中断用户的范围或界定、旺季与淡季的划分、可中断价格优惠水平等方面确定可中断用户气价实施方案。

（四）竞争定价

竞争定价是指在竞争十分激烈的市场上，企业通过研究行业竞争对手的生产条件、服务状况、价格水平等因素，依据自身的竞争实力，参考成本和供求状况来制定有利于在市场竞争中获胜的产品价格。产品价格的变化是直接与竞争对手价格发生直接关系。中国天然气行业属于寡头垄断市场，市场上的供应企业数量较少，企业之间更倾向于制定相近的销售价格。若各企业间价格差异较大，客户必然会转向价位较低的企业。竞相降价，任何企业都很难确立绝对优势地位。为此，可以采取有序竞争的方式，在合作中竞争，避免竞争过度，采取合理的竞争性定价方式，既保持竞争优势，同时避免恶化竞争。

## 第四节 交易策略

### 一、天然气交易方式的发展变化

天然气交易市场是在天然气工业放松管制，天然气交易方式发生变化后，逐步形成和发展成熟的。

天然气交易市场的出现与发展和天然气交易方式的变化密切相关。以美国为例，经过 100 余年的发展，天然气交易方式已从传统单一的长期合同交易模式，发展成为目前长期、中期和短期及现货天然气交易并存的多元模式，并在期货交易市场推出了期货交易和期权交易等金融交易工具。

## （一）长期合约交易

由于管道运输的自然垄断性质，在天然气工业发展的早期阶段，尽管在不同的国家天然气工业的结构有所不同，但它们的共同特点是负责天然气运输业务的天然气公司通过运输与销售的捆绑（即运输网络不向第三方开放）对其所服务的市场实行垄断经营。在这种情况下，天然气供需双方一般通过长期合约来明确双方的责任、权利和义务。

天然气长期合约交易是天然气供应方与用户之间达成20年以上的天然气供销协议，是天然气市场开发之初的常用合约，目前仍在国际天然气贸易和许多国家大量应用。通常，长期合约中包含共担风险的"照付不议"（take or pay）条款[买方若没有提取合同约定的气量（约为总量90%），也必须支付该气量的气款]，以及终地点条款（即买方不能将天然气转售给另一个天然气供应商）。长期合约中的天然气价格常与成品油或原油价格挂钩，通过一个价格公式进行约定和定期（3—6月）调整。

随着市场和天然气资源及需求弹性的发展变化，长期合同交易逐渐表现出在供需灵活性、气量和价格风险管理等方面的缺陷。"照付不议"条款在实践中也出现了双方在权利、义务及气量和气价上的分歧和争议，并积淀了一些难以解决的问题和矛盾。近年来续签和新签的长期合约在时间期限、气量、气价、终地点等条款进行了改进，增加了供需双方的灵活性。

## （二）现货交易

一般地，天然气现货交易是指以固定气量和价格进行的30天以内短期交易，最长不超过三个月，交易可以通过经纪人或不通过经纪人，由交易双方在电话中进行，之后双方签订一份简短的天然气现货交易合同，或者是卖方要以书面形式迅速确认，时间不能超过三个银行交易日，然后买方在确认书上签字。如果卖方没有在规定时间内发出确认信息，买方也可发出确认信息或短期合同让卖方签字。

天然气现货交易是在天然气市场放松管制后的结果。20 世纪 80 年代初，为在天然气工业建立竞争，美国开始放松天然气产业链中管输环节的政府管制。其核心就是要求管道公司（在一些国家也扩展到地方配送公司）的运输系统向第三方开放，在天然气生产者与消费者之间建立直接的买卖关系，通过"气气竞争"来改进天然气工业的效率。这样，之前扮演着运输商与供应商的双重角色的天然气公司已不再作为供应商而存在，天然气供应责任转移给最终用户或地方配送公司，在捆绑服务下那种由管道公司直接将天然气从井口送到用户门站的非常简单的交易方式被一种更复杂的形式所取代。

市场放松管制后，天然气购销合同的签约方是生产商与最终用户、地方配送公司或市场营销商，价格由市场供需确定。天然气买方自己负责组织气源并为供应的可靠性负责，并分别与生产商和管道公司签订购气合同与运输合同，由用户决定最经济的运输路线及供应地。生产商可以自由地将它们生产的天然气出售给任何感兴趣的买者，用户也可以自由地选择他们最满意的供应商。

市场环境的这种变化，使得过去那种长期的、事先约定好价格或价格公式的合同变得越来越不适用，短期的、价格能够反映当前商品价值的合同则越来越普遍。天然气交易合同由长期合同为主演变为长期、中期和短期合同等多种形式共存的局面，现货交易逐渐发展成为主流交易模式。目前，美国几乎全部、英国 50% 以上天然气销售量都是通过天然气现货交易完成的。

（三）期货交易

天然气期货交易是在天然气现货交易的基础上形成并发展起来的，主要目的是规避天然气现货交易的价格风险和基差风险，是不断降低价格风险和交易成本、追求交易效率的结果。

天然气期货交易是在商品期货交易所进行的一种以标准天然气期货合约为对象的交易，合约价款的支付和天然气商品的交割在约定的时间内和地点进行。天然气期货与其他商品期货一样，是一种具有法律约束力的协议，即买卖双方同意就天然气按照双方认可的价格与规范化的数量、质量标准以及在未来某个确定的交割日期达成的支付/收取现金款项的协议。这种协议一般称之为天然气期货合约，天然气期货交易就是在期货交易所内对天然气期货合约进行的交易。从本质上说，天然气期货合约是标准化的天然气远期合约。

天然气期货交易是对期货合约的交易。在期货合约规定的特定时期内，对天然气价格变动趋势具有不同看法的交易双方，通过对天然气市场状况与其他相关因素的分析，对当前天然气交易价格的预期达成一致时，就会进行天然气期货合约的交易。

推出天然气期货合约交易，要受到天然气产业发展程度、市场化程度以及其他相关条件的制约，到目前为止，在国际市场上，只有英国的伦敦国际石油交易所（IPE）与美国的纽约商品交易所（NYMEX），分别于1997年和1990年推出天然气期货合约。

（四）期权交易

在商品市场，期权是套期保值现货商品或金融头寸的有效工具，也是判断价格走向或变动性的工具。由于买进期权的风险有限，很多市场参与者都用期权交易来替代单纯的期货合约或期货易货交易。期权交易既可以在场外交易市场进行，也可以在交易所进行。所谓天然气期权，是事先约定在特定的日期或特定日期之前购买或出售天然气期货合约的权力。

NYMEX在天然气期货合约交易的基础上，于1992年推出天然气期权交易，为天然气及其相关产业提供了又一个回避价格风险与获取投资利润的金融工具。由于天然气市场的不稳定性，天然气期权交易已经越来越活跃。

## 二、天然气交易策略

天然气交易策略总体可按照固定合同、现货、期货、指数、组合配置资源划分为五类。

### （一）固定合同

通过买方同意每年购买某一最低数量的天然气来体现。对于上游某一特定气田，天然气购销合同一般都较稳定。稳定供气量的核心在于通过各种调节机制，在给予双方一定灵活性的基础上，保证整个供应期间天然气量的稳定性和确定性。从买卖双方的商业需求来看，稳定供气量一方面保证买方需要的供应稳定性，另一方面也保证卖方长期收入的确定性。在合同中规定"最大日合同量""最小日合同量""日合同量"等，并对可能发生的"额外气"协商出相应约定。

### （二）现货交易

#### 1. 现货交易方式

天然气现货交易是天然气交易发展到一定阶段的客观要求。天然气现货交易，有利于探索价格形成的新机制，提高天然气交易的可靠性和灵活性。

天然气现货交易市场是指交易商在指定的交易场所，使用其提供的交易系统，按国家监管部门批准的现货交易管理办法和天然气现货交易规则，以公开竞价的形式，进行国内主要天然气交割点的短期（30天以内）和中远期（1—6个月）现货天然气交易。《天然气价格理论与实践》采取挂牌交易和竞价交易两种交易方式。挂牌交易是指买方或卖方在平台上发布产品信息，包括产品种类、数量、交收地点等，其中价格是指挂牌买入价或挂牌卖出价。买方与卖方通过交易中心摘牌成交或双方通过协商议价成交。竞价交易是指买方或卖方在平台上发布产品信息，包括产品种类、数量、交收地点等。其中，卖方在买入最高价以下报价或由买方在卖出最低价以上报价，并在规定的时间里按照"时间优先，价格优先"原则，以卖方最低报价或由买方最高报价成交。中远期天然气现货交易，提前一个季度或半年进行天然气销售，通过预售交易不仅可以满足买方对量价的预期合理安排生产，还可对上游调节生产经营和资源组织起到很好的提示作用，给政府应对天然气供应紧急情况提供了很好的参考。

2. 创新交易模式

（1）管道气预售交易。2021年4月21日、22日，中国石油天然气销售分公司与上海石油天然气交易中心共同推出的管道气预售交易上线。该交易顺应中国天然气市场化改革趋势，订单预售后可在满足管输条件的前提下进行转让，价格由市场定价，为中国天然气市场参与者提供了保供、稳价、锁量的新交易模式。在中国油气体制改革持续推进，"X+1+X"行业格局初见雏形的大背景下，原有天然气产供储销体系被打破，下游企业要分别向上游和国家管网公司购买气源和管容，出现了托运商新角色，托运商起到承上启下的作用，下游用户需要委托托运商采购气源，并且协调管容。管道气预售交易有利于稳妥推进天然气线上交易，建立健康的市场体系，保障上下游企业的合法权益。对供应商而言，可以根据销售情况，确定采购、生产、储运规划，确保长期的固定销售价格从而锁定收益，提前占领未来天然气市场，通过市场化交易形成公开透明价格，指导线下天然气贸易定价。对采购方而言，可确保长期的固定采购价格从而锁定成本投入，在确保能从上游企业获得稳定价格供应的同时，控制零售端价格波动所带来的风险。

（2）天然气仓单上线交易。2021年4月21日，中国石油天然气销售南方分公司、中国石油天然气销售西部分公司顺利完成了在重庆石油天然气交易中心（简称"重庆交易中心"）的管道天然气仓单注册，并开展了仓单的中远期挂牌交易。该产品交易以仓单作为交易的载体，可以较好实现天然气的二次转让，一次交易完成后，用户可在规定时间内，根据自身情况自主发起或响应参与仓单二次转让交易。本次交易使用定额仓单，每张仓单设定为10000立方米，单张仓单规模较小便于二次转让，而按区域设置交割基准点并形成基准点的交易价格，有利于用户在该基准点价格下进行二次转让交易，便于发现市场真实价格。同时仓单二次转让交易采用线上交收线上结算方式，有利于提高交易效率；仓单交割快捷方便，进入交割阶段，可以自主生成天然气购销合同，不增加用户购气成本。

（3）国际LNG船货招标交易。2020年8月28日，上海交易中心国际LNG电子交易系统上线试运行，在此基础上推出的国际LNG船货招投标交易是上海交易中心为国际LNG交易会员提供的采购或销售招标交易服务。在上海交易中心注册的国际LNG交易会员可通过国际LNG电子交易系统发布LNG现货、中长期采购或销售招标信息，并邀请交易对手方参与招标。该业务适用于单船、多船的采购和销售需求。

（三）期货交易

1990年4月，纽约商业交易所（NYMEX）开始了天然气期货合约交易，交割点设在路易斯安那州的亨利中心。1995年8月，堪萨斯交易所（KCBT）也开始交易西部天然气期货合约，交割点在西得克萨斯的瓦哈中心（Waha Hub）。选择这两个地点作为期货交割点的原因是，两地的交易量较大，价格变化频繁。

期货交易市场的突出的特点是，可以利用支付保证金来发挥财务杠杆的巨大作用。在期货市场，初始预付定金被称为保证金。初始保证金是交易商为买、卖期货合约而必须存入交易所的资金数目。若交易商所持期货合约的价值已降至初始保证金以下，将会收到保证金追缴通知，若交易商不再存入资金，交易所就会卖出这份期货合约强制平仓。另一方面，若期货合约的价值超过初始保证金，交易所会给期货户头增加资金。

天然气期货交易有利于制定合理的季节性价格，调节市场需求。发展期货交易，可以实现期现结合，在现货市场的基础上，现货、期货共存互补，协同发展。有利于提前制定保供计划，提前进行生产安排。通过期货交易对不同季节的天然气市场进行预测和研究，有利于政府和上游供气企业共同制定保供计划，提前安排储气库注气、拟定气田开发生产计划、在国际市场采购或销售，减少因季节性波动带来的天然气供应或销售压力。期货交易为市场参与者提供风险对冲工具。为不同规模、不同所有制形式的企业提供风险对冲工具，传递价格波动风险。

按照天然气交易发展的阶段性特征和开展天然气期货交易的基本条件，预计近期中国还无法开展天然气期货交易，但应制定发展目标规划并进行交易框架设计，为未来天然气期货交易做好前期准备。在目前条件较为成熟的现货交易市场尽快推出天然气期货交易品种。尽快形成完备的期货市场运作体系，形成包括保证金制度、结算制度、风控制度等在内的系列配套制度；建立全方位的法规、规章和规则体系，以规范天然气期货市场的建设和运作。

（四）指数交易

天然气工业中常用的定价结构是指数价。指数价就是竞价周期间主要交易点交易最多的固定价。一些工业新闻通过调查市场参与者在竞价周的价格信息，在每月的第 1 天公布几个主要交易点的指数价格。最广泛采用的工作新闻是美国能源管理委员会（FERC）的天然气市场报道（FERC Gas Market Report）。一般先确定管道的指数，然后是天然气产地或消费地的指数，特定地点的指数、地区指数或州指数。由于交易点的指数代表的是特定月份的市场价值的理论值，很多买方和卖方也愿意按公布的价格进行交易，都同意在竞价周的交易以指数价格为基础付款，再加上或减去双方协商的折扣或溢价。这种确定价格的方式通常为生产者采用，因为他们愿意每月按市场价或高于市场价售出他们的大部分天然气，剩余的以固定价出售。

（五）组合配置资源

推出符合上游生产运行特点的交易产品，比如居民调峰气、储气库气、页岩气、可中断气等不同类型产品。

2019年，港华金坛储气库调峰气产品在上海交易中心上线，是中国首个上线交易的储气库产品。2021年3月23日，重庆天然气储运有限公司在重庆交易中心成功开展了铜锣峡储气库储气服务线上交易，重庆燃气集团股份有限公司、重庆凯源石油天然气有限责任公司等企业参与交易，当日成交工作库容2000万立方米。这是国内地下枯竭气藏型储气库通过交易平台开展的首单储气服务交易，是对中国储气库商业运营模式的有益探索。2021年4月21日，国家石油天然气管网集团文23储气库容量招标交易在上海石油天然气交易中心上线，成交量1亿立方米（单边），卖方为国家管网集团中原储气库有限责任公司，买方为上海燃气有限公司。这是中国储气库容开放第一单。

## 第五节　渠道策略

### 一、销售渠道类型

销售渠道是指产品由企业向最终使用者移动过程中所经过的各个环节，或企业通过中间商到最终消费者的全部市场营销结构。每一层将产品和服务的所有权向最终消费者每推进一步的中间商都是一个渠道层级。渠道中间商层级的数量表明了一个渠道的长度。没有中间层级,被称为直接营销渠道,由企业直接向最终消费者进行销售。包含了一个以上的中间商,被称为间接营销渠道。

## 二、基本模式

对于不同客户,渠道选择是不同的。图6-1显示了几种不同长度的天然气营销渠道。

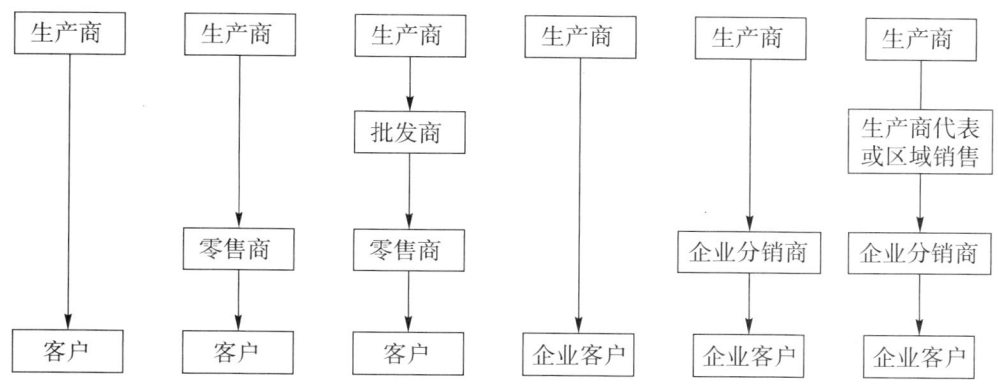

图6-1 消费者和企业营销渠道

天然气营销渠道的选择与天然气基础设施的关系很大。如果生产商与客户之间已有天然气基础设施,那么统筹对渠道空间不再选择,只对销售方式进行选择;如果生产商与客户之间没有天然气基础设施,那么需要对渠道空间和销售方式进行必选。

## 三、渠道策略

(一)管道输送渠道策略

天然气基于其特殊的性质导致了无法通过较低成本对其进行大量的存储,所以向用户输送的天然气通常都是采用管道的形式。天然气的分销商主要有三种，一是上游气田的营销公司，它采取的营销方式是通过中间商销售给最终客户，或直接销售给最终客户。二是输气公司，它主要是将天然气输送给下游输气管网，也可以直接销售给大型工业客户。三是城市天然气管网，它的主要销售对象是天然气最终居民用户。

用气量大且市场集中的客户建议采用直接营销模式，对天然气生产到销售的渠道进行压缩，尽量减少中间的销售环节，减少客户不必要的支出。而生产企业可以及时掌握终端天然气客户的价值取向及其市场环境的变化情况，通过下游市场的营销动态，更准确地制定生产计划。由众多小客户组成且比较分散的客户，采取间接营销模式比较合理。

市场低迷时，通过投资基础设施建设是拓展市场的有效措施。一是完善基础设施管网的配套，通过管输线延伸开发新客户，加快地面配套设施建设。对于管线正在建设或已有管网但无企业入驻的工业园区，配合地方政府加大招商力度，吸引企业入驻；二是对受管线瓶颈限制不能满足用气需求的省级、市州级工业园区，加快管网改造力度，同时引导部分新企业入驻到企业较少的园区，以满足用户需求。

（二）LNG 输送渠道策略

LNG 液化气在天然气管网未覆盖的地区发挥着高清洁能源的作用。通常，LNG 输送方式有：汽车运输、火车运输、轮船运输及管道运输。在这四种运输方式中由于客户群体的分布地区不同和下游采购数量不同所采用的运输方式也不同。LNG 营销渠道主要是直接销售和间接销售相结合。应采用扁平化的渠道策略，使得营销渠道纵向层级缩小，便于发挥渠道灵活，快捷的作用；扩展营销渠道的广度，使得每一层级的客户群都呈放射性辐射到更广的区域。面向居民用户，建议采用间接营销模式，比如二级批发和三级站模式。面向工业深加工客户，最好采取直接营销模式，不仅降低了流通费用，也可以及时与目标客户沟通，掌握最全面的市场动态。

## 第六节　服务策略

### 一、服务的性质和特点

在制定营销策略时，必须考虑服务的 4 个特点：无形性、相连性、易变性和易逝性。

（一）无形性

服务的无形性指与有形的消费品或产业用品相比较，服务的特质及组成服务的元素往往是无形的，不能触摸或用肉眼看见。不仅服务的特质是无形的，甚至使用服务后的利益也很难察觉。为了降低不确定性，购买者寻找表明服务质量的"信号"。他们从看到的地点、人员、价格、设备和沟通来得出关于质量的结论。

（二）相连性

由于服务本身不是一个具体的物品，而是一系列的活动，因此在服务的过程中消费者和生产者必须直接发生联系，从而生产的过程也就是消费的过程。

（三）易变性

易变性是指服务的构成成分及其质量水平经常变化，很难统一界定。服务的质量取决于由谁提供服务，以及何时、何地、如何提供。

（四）易逝性

服务的无形性以及服务的生产与消费同时进行，使得服务不可能像有形的消费品和产品用品一样被储存以备将来出售或使用。

## 二、服务的内容

销售服务的内容是多方面的,按天然气营销过程可分为售前服务与售后服务。

### (一)天然气销售售前服务

天然气销售售前服务是指客户在使用天然气之前的各项服务工作,包括:(1)提供咨询。提供各种技术咨询,向客户提供管网布局、气源流向、价格政策、业务办理流程等咨询;(2)协助客户投运投产。从程序办理、指标安排、上游管网协调等多个方面协助客户完成手续;(3)提供资料。根据客户的要求,提供各种必需的图纸及技术资料。

### (二)天然气销售售后服务

天然气销售售后服务是指客户在使用天然气之后的各项服务工作。(1)安装调试。对于天然气利用设备,到现场为客户安装与调试;(2)提供维修。在产品出现故障时,能否得到及时的维修是影响天然气使用的重要因素;(3)技术培训。企业在为客户销售天然气的同时,可为客户提供与天然气相关的市场信息和设备相关技术培训;(4)特种服务。根据客户的特殊要求,进行特殊方式的服务。例如针对大型工业客户,提供资产管理和站场管道服务。

## 三、服务的方式

### (一)助力客户发展

从客户需求端出发,在深度了解客户的经营状况、负荷特性、工艺特点的基础上,根据当地资源禀赋,比选不同的技术路线,因地制宜为客户选取最优的能源解决方案。协助客户和金融机构在存贷款业务、票据融资、保险业务等方面建立战略合作伙伴关系,实现"金融优势和产业优势的相融合"。

## （二）提供增值服务

增值服务是竞争力强的企业区别于一般小企业的重要方面。增值服务的特征就是，在提供基本服务的基础上，满足更多的顾客期望，为客户提供更多的利益和不同于其他企业的优质服务。

持续完善和加强用户的需求侧管理，建立并完善市场信息系统，收集宏观经济、区域经济、天然气行业、替代能源、客户所在行业等市场相关信息，分析市场的趋势及风险，并在此基础上建立市场风险预警机制。在为客户销售天然气产品的同时，可为客户提供与天然气相关的最新市场信息，如供需关系变化、管道输配费问题以及政府的政策出台和监管措施等，还可为客户提供市场风险预警的信息共享，帮助客户优化资源配置，规避市场风险，达到企业与客户互利共赢的效果。

除了传统意义上向居民、工商客户推销天然气利用设备并提供安装、维修服务外，销售企业还可以为大型客户提供项目咨询、可行性分析、设计施工、设备采购、运维诊断、能源采购、合同能源管理等一揽子服务，并根据客户要求提供灵活的解决方案；此外，企业还可以充分利用自身拥有的庞大客户资源，与信息技术进行融合，建立天然气利用智能网络，推广应用智能气表，利用大数据、云计算、数据挖掘等先进的互联网技术，通过智能气表与智能电表、其他智能工具的数据共享，进行海量数据获取与处理，进而建立APP或类似微信的方式向客户提供用气分析报告和节能建议。

## （三）优化服务质量

天然气行业的产品同质化显著，企业之间的竞争主要体现在客户经理的素质和能力上。推行客户经理制度过程中体现以下两种核心理念：一是客户导向理念。重视客户、尊重客户是客户经理制度最为核心的理念。通过向客户提供产品和服务，调动所有资源让客户感到满意，让客户享受增值服务，以客户的满意度作为评价工作的标尺。对重点天然气客户实行全生命周期的一对一式客户经理负责制进行管理。通过建立客户经理负责制，要落实专人负责与客户对接，协助客户办理开户、申请接管、碰口施工等手续，协调解决客户用气的困难，实现新增客户从申请到用气全过程的个性化服务；强化客户经理负责制，及时跟踪了解重点已批在建客户的建设进度，帮助客户解决项目用气面临的问题以促进项目投产用气，加强客户用气新动向、新需求和新诉求的走访回访，促进信息沟通，强化问题分析，以巩固客户群的忠诚度；建立健全客户经理工作标准，加强客户动态管理和现场服务，完善客户经理工作考评与奖惩机制，丰富客户经理工作内涵，优化客户经理工作方法。二是个性化产品和服务理念。针对客户的具体情况，将各种营销资源进行整合，实施定制服务，以最大限度地为客户服务。

# 第七章 打造以价值创造为核心的天然气营销模式

——以中国石油西南油气田公司为例

油气体制市场化改革的持续推进，客观上需要天然气销售要坚持以市场为导向，中国石油西南油气田公司以客户为中心，建立以价值创造为核心的天然气营销模式，整合人才、市场、资源、管网，形成客户、政府、资源方、社会四方互动，通过采取优化组织、竞争、客户管理，为社会、政府和客户创造价值，从而实现企业价值。经过川渝地区的实践，以客户价值创造为核心的天然气营销模式使天然气市场得到快速发展的同时，也为客户及社会创造了巨大的价值，得到了地方政府充分肯定。

## 第一节 以价值创造为核心的天然气营销模式理论探索

一、以价值创造为核心的天然气营销模式概念

以价值创造为核心的天然气营销模式就是以市场为导向，以客户为中心，采取有效的营销策略，努力为客户、为政府、为社会创造价值，最终实现企业营销目标，达到实现企业自身价值的目的（图7–1）。

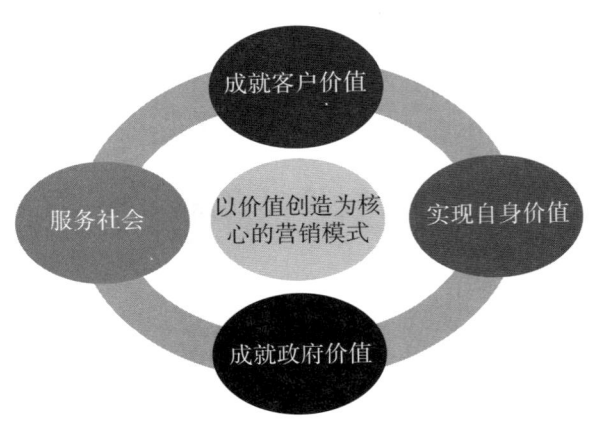

图 7-1　以价值创造为核心的天然气营销模式

通过整合资源、市场、管网、人才，建立与客户、政府、社会、资源方的互动机制，达到客户目标、政府目标、社会目标、企业目标的一致，在实现客户价值、政府价值和社会价值的同时完成企业自身的营销目标，实现企业的自身价值（图 7-2）。

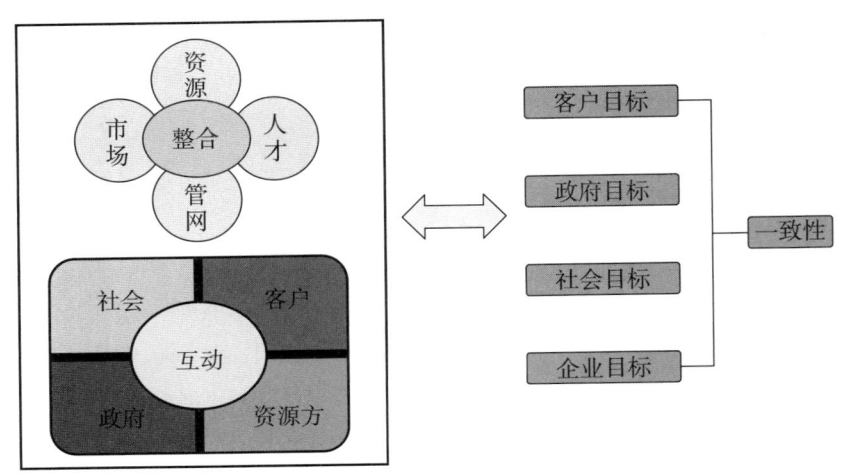

图 7-2　以价值创造为核心的天然气营销运作模式

## 二、实现以价值创造为核心的天然气营销模式的方法

以价值创造为核心的天然气营销模式主要通过为客户、政府、社会创造价值来实现。

为客户创造价值。天然气市场是营销的根本，天然气用气客户是营销的关键，只有在有效满足客户需求的情况下，客户才会成为忠实的客户，因此，天然气营销就必须研究市场，研究客户，把握市场规律，清楚掌握客户需求，以客户的需求为目标，投其所好，以优质的天然气资源、合理的价格和良好的服务，实现客户所需要的赢利目标，这就是为客户创造价值。通常客户的需求目标是以较低成本的安全平稳供给的资源和良好的服务。为获得客户我们通常采用的方法一是强化管理，保障安全平稳供气；二是价格优惠，如量大从优，阶梯气价；三是优质服务，通过有效沟通，帮助客户解决供气中存在的实际困难和问题；四是增值服务，如不同客户给予不同服务。

为政府创造价值。任何企业除了自身业务发展之外，还应为地方经济发展做出贡献，而且天然气作为一种带有自然垄断特性的商品，在其营销过程中更应充分考虑地方政府的诉求，如何为地方经济发展服务，并为之努力，做出应有的贡献，促进GDP和税收的增长，这就是为政府创造价值。通常政府的诉求目标是满足经济发展对天然气的需求，帮助招商引资、推动GDP和税收的增长、保障民生需求，维护社会稳定。为获得政府的支持，通常采取以下营销方法，一是企地联动，共同保供；二是利用天然气资源，帮助地方招商引资，扩大市场；三是研究天然气利用政策，为地方经济发展提出建设性意见。

为社会创造价值。天然气营销离不开社会环境，创造良好的社会环境，能够有效地促进天然气的销售。以系列营销措施的实施，推动社会环境更加环保、就业更加充分、社会对企业更加理解，形成良好

的企业形象,这就是为社会创造价值。

### 三、传统营销模式与以价值创造为核心的天然气营销模式区别

传统营销模式是以企业利润为出发点开始整个营销过程,顾客的需求并未放到与企业的利润同等重要的地位,它在市场理念、市场管理、定价方式等方面与以价值创造为核心的天然气营销模式有很大的区别,详见表7-1。以价值创造为核心的营销模式突出了传统营销模式中的坐商思想,转型为行商,甚至慧商,在油气体制改革大潮中,在多气源竞争中,采取了多方位立体服务的客户策略,在激烈的市场竞争中把握了竞争主动权。

表 7-1 传统营销模式与以价值创造为核心的天然气营销模式区别

| 内容 | 传统营销模式 | 以价值创造为核心的营销模式 |
| --- | --- | --- |
| 市场理念 | 坐商 | 行商—慧商 |
| 市场管理 | 高度垄断,供不应求 | 竞争激烈 |
| 价格 | 价格管控 | 市场化 |
| 管网 | 一体化 | 独立运行 |
| 资源 | 单一气源 | 多气源竞争 |
| 客户管理 | 供气点对点,沟通不及时,仅供气服务 | 多方位立体服务 |
| 市场竞争手段 | 有管道才有市场 | 谁供气成本低,谁占先机 |

## 第二节 建立以价值创造为核心的天然气营销模式的必要性

### 一、市场形势变化的客观要求

2019年以来，天然气市场形势发生逆转，由卖方市场变为买方市场，全国供需转为总体平衡，天然气进口量增速大幅放缓。

2020年上半年，国际油价低位运行，WTI和布伦特原油期货均价同比分别下跌34.8%和35.9%。美国亨利中心、英国NBP、东北亚LNG现货到岸平均到价同比分别下跌33.9%、54.2%和57.9%。尽管在产油国积极减产，各国加快推进经济重启等因素影响下，原油市场再平衡进程加快，将支撑油气价格上升，但因LNG产能过剩及市场需求疲软，全球天然气供需失衡局面持续，天然气供应宽松持续，气价回升空间有限（图7-3）。

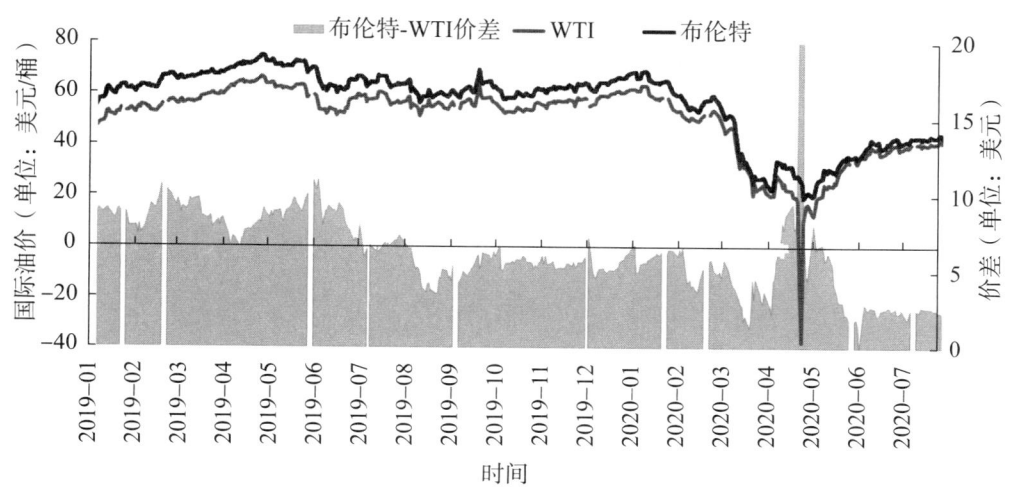

图7-3 2019年以来国际油价走势

2020年,新冠肺炎疫情重度冲击全球经济,并且在未来一段时间内疫情持续时间和影响深度仍难以估测,全球经济复苏"爬坡"过程将漫长而艰难,在新冠肺炎疫情卫生危机得到全面控制之前,经济将呈不断反复的"W"形走势,充满挑战与不确定性。主要机构不断下调全球经济增长预期,IMF、OECD、世界银行、联合国最新预计2021年全球经济分别萎缩4.9%、5.2%、6.0%、3.2%,相比2019年分别下降7.9、7.8、8.9和5.5个百分点。尽管中国经济在常态化疫情防控中持续回暖,但仍面临疫情反弹、需求不振、外部环境复杂、供需矛盾明显等风险,经济反弹幅度与疫情走势密切相关,不确定性强。

受中美贸易战、疫情和国际油价下跌影响,天然气市场需求疲软。2000—2013年,中国天然气产业高速发展,天然气供需总体平衡,全国天然气消费量从245亿立方米增至1680亿立方米,年均增速高达16.0%。2017年受煤改气政策强力拉动,国内天然气需求猛增后,近两年恢复平稳。但2019年,受宏观经济增速放缓、替代能源竞争加剧、天然气价格机制不完善等因素影响,再加上中美贸易战、新冠肺炎疫情和国际油价下跌,工业用户受到较大冲击,用气量增长呈降低趋势。

2020年上半年,全国天然气消费量1502亿立方米,同比增长1.6%,低于上年同期10.0%。2020年下半年,中国宏观经济持续回暖、环保政策稳步推进,各行业用气需求稳定增长。此外全球供应链受损难以迅速恢复,将在一定程度上抑制国内天然气需求增长。估计2020年中国天然气消费量将较2019年增加120亿立方米,同比增长4.0%(图7-4)。

第七章 打造以价值创造为核心的天然气营销模式

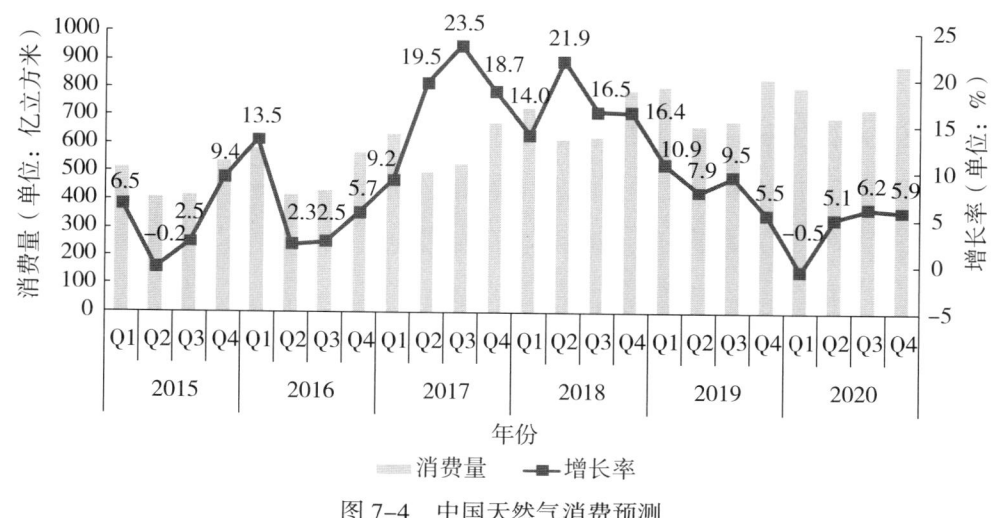

图 7-4 中国天然气消费预测

峰谷差持续增加，产销平衡难度加大。季节性供需缺口仍然巨大，2019 年川渝地区季节性峰谷差已由 2017 年为 1500 万立方米 / 日进一步扩大到 2300 万立方米 / 日。随着城市燃气用气量持续增长，不断扩大的峰谷差带来的冬季保供压力、油气供应企业的产销平衡难度不断增加（图 7-5）。

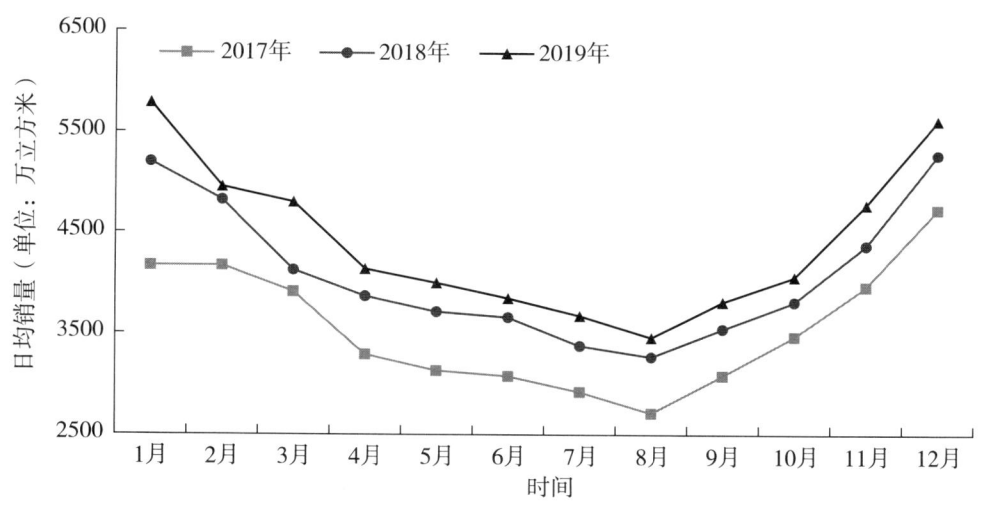

图 7-5 川渝地区某油气企业城市燃气销售情况

## 二、市场竞争需要

2019年以来,国内油气公司都加大了天然气资源的勘探开发力度,天然气上产势头强劲,面对有限的国内市场需求,各大石油公司都加大了对终端市场争夺,市场竞争白热化。

## 三、市场化改革的必然要求

近年,国家油气体制改革不断推进,上游领域改革不断深化,油气勘查开采全面放开,国家管网公司成立,"管住中间,放开两头"局面初定,上游多主体多渠道资源供应、中游管道高效运输、下游销售充分竞争的天然气市场化体系已具雏形(图7-6)。

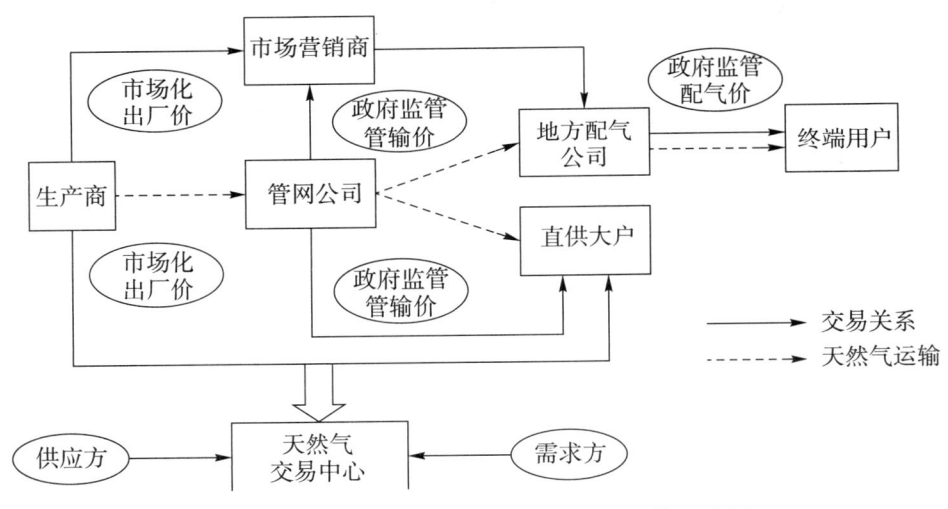

图7-6 中国天然气价格市场化改革及监管示意图

同时,天然气价格改革继续深入,自2018年居民用气价格理顺后,中国已基本完成了天然气价格调整工作,后续的改革在建立科学合理并适合市场化发展的天然气价格机制上逐步建立并实行随市场供需变化的差别价格,天然气门站价格被移出《中央定价目录》,区域交易市场建立紧锣密鼓，线上交易为现货采购的重要途径，交易方式更加多样，交易中心的市场化配置资源及价格发现功能愈加强大，由市场机制形成的统一开放的价格体系将逐渐成形。

### 四、客户管理新要求

在过去供不应求的情况下，为实现产销平衡提升公司效益，一些营销措施影响到客户正常用气和地方经济的发展，客户和地方政府对天然气营销存在一些负面的反应，在供过于求的情况下，造成客户流失，有诸多需要改进的问题：主动服务意识不够，客服方式单一；与客户沟通不够，缺乏有效机制；对客户及经营情况掌控不够；对市场变化，反应不够及时；地方政府诉求难以满足。

## 第三节　以价值创造为核心的天然气营销模式实践

### 一、主要做法

坚持"三不"态度，落实"四做"精神，实现"四个营销"的理念，真正达到从"坐商"到"行商"到"慧商"的全面转变（图7-7）。

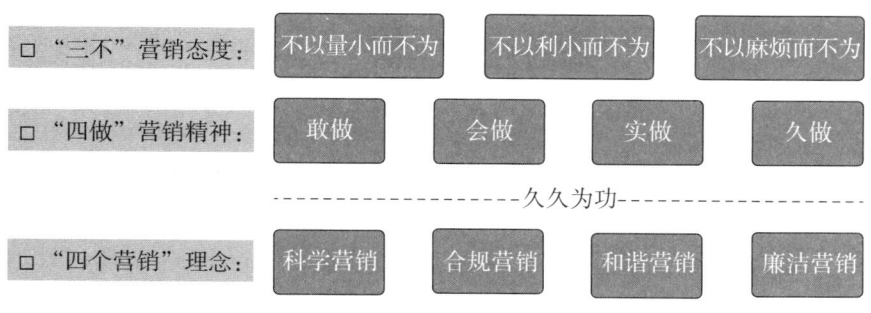

图7-7　营销态度、理念与方法

## 二、优化组织结构

为顺应营销战略的变化，对外部环境变化做出灵活反应，西南油气田公司进一步完善组织结构，优化业务流程，打造强有力的营销团队，提升营销效率和效益，以利于更好地开发市场，更有效地提供为客户提供优质的服务，在竞争中占据优势。

（一）完善组织结构

增设公共关系部，将结算部改为客户服务中心。首先，增设公共关系部，增强公司对外沟通与协调，提升公司形象。公共关系部负责外部信息收集，以公众视角进行决策参考，处理各类公众关系，协调各方关系，对外积极传播，有利于塑造公司良好形象。其次，将结算中心改为客户服务中心，致力于为客户提供优质服务。客户服务中心下分三个部门，一是客户账户管理部，负责客户账户及收费结算等；二是业务和技术支持部，负责客户输气用气技术和用气安全，科学用气服务；三是呼叫中心，可按区域分为5个中心，主要为客户提供信息查询、账单查询、故障报警及天然气服务查询等。再次，明确界定客户管理部与客户服务中心的职能区别。客户服务中心负责事务性的客户服务工作，由受过专门培训的服务人员提供优质服务，注重服务效率的提高。而客户管理部则集中精力将工作重点放在客户的分析研究、分级分类、实施客户关怀、提高客户满意度、维持客户忠诚等，由具有良好专业知识、专业能力的人员从事客户管理工作，充分发挥客户关系管理的职能。

（二）优化业务流程

针对调研中发现的问题，在合同签订、开通用气、申报用气计划、变更公司名称、变更合同或协议事项、接受承兑、重新核定用气类型等关键业务流程进行优化。从客户角度分析评价现有业务流程，找出客户不满意的接触点，强调面向客户来优化流程。重点是清除流程中不增值的、过于僵化的规定和制度，简化流程操作步骤、减少审核与控制，以提升流程效率；整合流程涉及的各类资源，为客户提供一站式服务，减少客户的时间成本、体力成本。考虑与客户公司业务流程的配合对接，实现接口界面化、流程化，提升客户满意度。

（三）打造强有力的营销团队

以市场开发和客户服务为重点，推进市场营销人才专业化，培养造就一大批具有市场开拓精神和商务运作能力的高水平市场营销人才队伍。营销队伍的人员构成，既要有专业市场营销人员、专业客户管理人员、专业客户服务人员、专业技术人员四个方面人员的配置，也要有了解行业、具有互联网思维、大数据管理能力的复合型人才，以提高公司的营销水平和竞争力。

加强营销队伍建设，可采取一些具体的措施。第一，整合营销队伍，争取总部对于分公司机构设置充分放权，在具体的机构设置、功能安排、人员配比、任务分派及激励机制等，统统放权由分公司自己决定，按照最有利于贴近市场、响应客户的原则加以实施。第二，强化专业培训，针对天然气行业和公司自身的特点，通过精心设计专业培训内容，使天然气营销人员充分了解市场的大环境走向，明确天然气营销工作新的任务和要求，进而达到转变观念，促进自我提升能力和素质的目的。第三，创新选拔任用机制，建立一套适合于天然气营销企业的选拔任用机制，充分引入市场竞争机制来选人、用人。可以面向公司内外甚至行业以外选拔、招聘营销人员，使社会上有能力有业绩的优秀营销人才加入公司的营销队伍中。第四，健全有效的激励机制。激励机制设计的目标就是通过一系列理性化的制度安排来激发员工的工作积极性，谋求管理的人性化和制度化之间的平衡。公司应设计出公平的、符合实际情况的综合性激励机制，设计多维度指标对营销人员业绩进行综合考评。

### 三、优化客户管理

新常态下，西南油气田公司深化客户关系管理，提升客户关系水平，实现从"促产保供、保稳定"向以客户为中心、服务至上、实现客户价值和达到企业利润最大化的集约化经营转变。

（一）建立客户经理负责制

建立客户经理负责制，开展客户分级管理。首先，对每一个客户确定一名客户经理，专门对其"一对一"的个性化服务，达到对客户全生命周期的科学管理。服务内容是负责开展客户信息收集处理、客户用气纠纷处置、客户困难的解决、提供政策咨询、营销政策传递等。成立专门机构，集中优势资源服务关键客户。推行大客户经理制，完善项目小组制，使关键客户享受最优质的服务；建立大客户经营分析制度和大客户快速反应机制；通过高频率接触，高层实时拜访，进行情感投资；采取定制个性化服务，为大客户量身定制能源供应解决方案；条件成熟的时候可以通过资源共享、优势互补结成战略联盟。其次，加大投入，调动可靠资源服务有升级潜力的客户。甄别有升级潜力的客户，定期走访和拜访客户，通过亲情服务密切与客户的感情；提供用气一条龙服务，提供技术指导、安全培训等附加服务，用完善的服务提高客户的满意度；积极培育客户升级潜力，扶持客户发展，通过咨询、培训、指导帮助客户提高经营管理水平，利用公司的技术优势解决客户的技术难题，借助公司的资源协助解决客户的融资问题等。最后，控制投入，配置适当资源服务于不具升级潜力的客户。按照"方便、及时"的原则提供大众化的基础性服务，通过适时联系，增进感情；控制交易成本，运用更经济、更省钱的方式提供服务，但不能影响客户体验。

## （二）创新供用双向评价模式

对客户满意度调查采取无记名方式，认真听取客户的真实意见，作为改进工作及提升服务水平的依据。

不断完善客户评价标准，从合同、收款、沟通与协调、销售价格、用气与调峰等五个方面进行了评价分级，科学评价客户，分类制定服务措施，逐步实现客户分类分级管理与服务。

## （三）加强客户沟通管理

强化服务管理，加强客户沟通，维护客户忠诚度。第一，采用标准跟进策略，科学合理地制订客户服务标准。根据公司战略定位、服务能力以及客户的需求，制订涵盖天然气市场开发、合同签订、需求报提、销售计划、销售计量、结算业务、客户服务、客户投诉等各环节的服务标准，并制订相应的客户服务规范。第二，使用服务蓝图技巧，完善服务流程。借助于流程图，通过持续地描述服务提供过程、服务遭遇、员工和客户的角色以及服务的有形证据来展示服务；以天然气客户的身份去经历整个服务流程，从一线员工那里获得建议和反馈信息，并随着情况的变化不断更新、修改完善服务流程。第三，注重服务细节，加强触点管理。以服务到最小细节感动客户、赢得客户；加强客户接触点管理，各接触点上准确提供完全一致的高品质服务；统一体验主题，并适时创意接触信息，使客户在意想不到的时刻感受来自公司点对点的关怀，在触点处强化提升客户体验。

奖励客户忠诚，提高客户转换财务成本。奖励重复购买、增量购买、长期购买，签订长期贸易合同；针对大客户制定系统的优惠政策，采取更为灵活的支付方式，向一些规模较小或暂时出现财务问题的终端公司或直供客户提供信贷援助；协助终端公司进行市场开发，资助终端公司做宣传推广。其次，增加情感纽带，提高客户转换心理成本。

在重要节假日，寄送公司的贺卡、礼品，以示祝贺；在客户重要的日子如周年庆、获得特别荣誉、实施重大举措时，派代表参与以示重视。成立客户俱乐部，开展形式多样的俱乐部活动，如组织研讨会、交流会、行业考察、高峰论坛等活动，将客户俱乐部打造成客户之间进行信息交流、情感交流的一个有吸引力的社区，增强客户黏性。再次，增强结构性联系，提高客户转换程序成本。利用公司的技术优势，为客户设计先进的供气解决方案，直接为客户提高效率和产出服务；渗透到客户的业务中间，结成战略联盟；为客户提供增值服务，在适当领域加强更多、更广、更深的合作，与客户形成更紧密的结构联系；为客户提供个性化服务，提高独特性与不可替代性。

（四）强化客户合规管理

一是优化客服管理，健全"横向分工协作、纵向分级管理"客服管理运行机制，实现营销工作全过程依法合规。

二是坚持购销合同签订工作。为规避企业经营风险，按照国家政策和集团公司要求修订合同条款，优化合同签订时间，坚持合同签订，履行"先合同后供气"程序。

三是协助无燃气经营资质企业办理资质。利用自身优势，助近50家无资质企业协调地方政府办理燃气经营资质。

四是清理"非气"做优服务。为实现营销管理的合规性，发文要求各终端公司对"非气"进行清理。

五是坚持"先款后气"结算模式。"先款后气"是西南油气田公司坚守了十几年，独具特色的结算模式，无论市场形势如何变化，都必须严格坚持先款后气的结算模式。主要目的是确保天然气气款按时、足额回收，有效控制了经营风险，同时，为公司生产经营增加额外的流动资金，增加利息收入，为公司增效。

## 四、优化竞争管理

### （一）既竞争又合作，共同维护良性市场秩序

与中国石化西南油气公司建立有效的沟通机制。通过召开工作联席会，建立多个互联互通站点，持续推进双方管道"互联互通"，购进气源，共同维护良好的市场秩序，避免无序竞争。

### （二）利用混合所有制占领市场

与地方政府投资平台合资合作，充分利用地方政府资源，在股份公司的支持下，西南油气田公司减持部分天然气终端公司股权增加政府投资平台公司的股比，使终端公司在当地经营更加顺畅、企地关系更为和谐，进一步稳固了市场份额，更加有效应对市场竞争。

### （三）加快竞争区域战略性管道建设

遵循"有管道才有市场"的原则，加快管网布局，增强保供和应急调峰能力，尤其在竞争区域，要加快竞争区域战略性管道建设，进而增强市场竞争优势。

### （四）加强与其他大型央企及民营企业合作

先后与中电国际、华电四川分公司、中国建筑电力公司、四川省能投集团、四川格润能源等大型央企和民营企业签订战略合作协议，加强战略合作。

## 五、为社会创造价值

### （一）推进公益事业，致力精准扶贫

热心公益，精心策划公益活动。以清洁能源服务商作为角色定位，西南油气田公司以环保、教育为重点领域，持续、深入地在这些领域开展公益活动，以产生长久的社会影响力。此外，在涉及生态资源保护、节能减排、绿色生活方式、绿色生产等方面，精心策划独具特色

的公益活动，体现公司承担社会责任的企业形象。

深入学习贯彻习近平总书记关于扶贫工作的重要论述，把助力脱贫攻坚作为重要的政治任务，持续稳定落实好各项帮扶措施，巩固提升脱贫成果，为打赢精准脱贫攻坚战、全面建成小康社会贡献石油力量。2011年以来，中国石油对定点帮扶扶贫地区实施了20多个扶贫"阳光民生工程"，受助贫困地区民众生活质量明显提高；2017年中国石油借助"乡村旅游"平台，因地制宜发展旅游项目，将脱贫攻坚与乡村振兴相结合；未来将继续加大产业扶贫、消费扶贫等支持力度，履行央企的社会责任与担当。

（二）研究天然气利用政策

西南油气田公司积极推进"煤改气"、分布式能源、交通用气等天然气利用政策，促进地方经济和环保和谐发展。

首先与川渝地区高级别能源研究机构合作，加强西南地区能源综合分析，跟踪研究煤炭、石油、电力等领域的市场、价格、政策，加强天然气利用政策的解读与研究，努力创造市场新需求，引进国内相关行业专家，共同开展"西南地区能源综合利用产业政策研究"，并着力提高研究成果的转化应用。

其次在国家油气管网公司成立及天然气市场竞争愈发激烈的背景下，紧密围绕出台的《中央定价目录》《中华人民共和国能源法（征求意见稿）》《关于加快推进天然气储备能力建设的实施意见》《关于做好油气管网设施剩余能力测算相关工作的通知（征求意见稿）》《关于做好2020年能源安全保障工作的指导意见》等政策进行跟踪研究。整理能源领域的一系列政策文件，与川渝地区能源主管部门及相关能源协会开展对接协调，紧密围绕西南油气田公司当前的发展环境和内部经营情况，深入解读一系列政策文件及政府指导意见对公司在天然气市场发展的影响，并依据公司的发展目标与战略规划，提出加速加快推动智慧油田建设，管网、油气储备能力及应急管理体系建设，积极应对天然气市场化改革政策开拓多元化市场，协调处理好各相关方利益关系等参考建议，以助推公司可持续发展。

三是组织召开西南地区天然气综合利用前景论坛，邀请五省市政府相关部门、能源央企、石油高校、四川省天然气营销协会等共同举办论坛，群策群力，关注天然气利用方向，促进地方政府出台天然气利用相关政策，促进区域天然气产业发展和区域社会经济发展，如促进四川省政府出台"美丽四川"文件、重庆市政府出台"蓝天行动"实施方案等。

## 六、为政府创造价值

### （一）派人上挂政府部门工作

为落实四川省委、省政府关于精准扶贫精准脱贫有关精神，与地方县委县政府更好地开展对接、沟通、协商对口帮扶工作，助推当地"提前脱贫、率先奔康"，西南油气田公司派出所属人员到地方政府部门挂职工作与交流。派出人员始严格按照相关脱贫攻坚有关会议精神及目标要求，在聚焦精准扶贫、精准脱贫方面加大工作力度，协助地方政府创新扶贫开发方式，全力配合、协助、支持当地政府实现"提前脱贫、率先奔康"的总目标和要求，按照"总体谋划、超前实施、聚焦增收、补齐短板"的工作思路，协助地方政府做好"重点帮扶与保持全体农牧民持续增收，精准扶贫与产业扶持，精准到户与精准到群体"三个结合的工作任务，有助于地方政府更新执政观念、拓展管理视野、提升治理能力。

### （二）与政府合资合作

建立与地方政府利益协调机制，创新合作机制，合理让利，通过与地方国企或地方政府投资平台成立合资公司这一主要的合作模式，构建与地方政府的利益共同体。在与地方政府的投资平台合资成立终端燃气公司之际，按照"能控则控、能参则参"的原则操作运行。新成立的燃气公司依托地方政府的政治资源及当地企业的灵活度，具有强大的协商、协调能力，较纯企业资本的公司在当地具有更强的竞争及生存优势；在经济新常态下，采取了更加灵活多样的利益分配方式，满足了留税收、留红利、留GDP于当地的政府诉求，实现了政企双赢，达到了巩固和扩大战略合作成果的目标。

多年来，西南油气田所属终端燃气公司分布在川渝各地，对促进各地经济发展做出了重要的贡献，也建立了良好的地企合作关系。公司利用终端公司的管理及资源优势，使上游油气勘探开发工作得到了地方政府的广泛帮助和支持，众多勘探开发生产过程中的行政许可手续办理、拆迁、阻止施工事件等问题得到了及时有效的解决，促进了公司增储上产的快速发展。

（三）与地方政府建立沟通机制

西南油气田公司建立了与政府沟通联系机制，定期汇报天然气生产、经营、市场开发和天然气销售的进展与面临的问题，将供气方案、应急管理预案、天然气调价方案等即时向地方政府报批报备，取得当地政府的理解和支持；与地方各级政府共同探讨天然气价格改革及市场综合利用的办法、措施、方案和实施途径，共同推动天然气市场和价格的改革。比如，在市场供需紧张情况下，积极与地方物价管理部门共同研究实行差别气价的方案和管理办法，稳定市场并履行社会责任；在市场供应宽松的情形下，积极与地方物价主管部门共同商讨实行降价促销的实施方案和管理办法，充分发挥地方党委、政府在天然气工业发展中的协调、统筹作用，努力为大型油气田发展创建良好和谐的发展环境。

### （四）及时提供市场信息

西南油气田公司探索并推进天然气销售体制改革，充分发挥天然气产购储运销一体化优势，稳定并大力发展四川盆地、湖北、湖南市场，积极发展滇黔桂市场。通过实施促销性营销策略，持续完善和加强用户需求侧管理，建立市场信息系统和风险预警机制，探索实践灵活的价格策略；进一步完善用户需求侧信息管理系统，及时准确掌握用户动态，分析微观市场趋势，研判宏观市场存在的风险及发展趋势；建立并完善市场信息系统，收集宏观经济、区域经济、天然气行业、替代能源、重点行业用户等天然气市场相关信息，及时提供给政府有关部门或与其实现信息实时共享，为准确、及时、便捷地实现周期动态分析市场发展趋势提供政策扶持，并在此基础上建立市场风险预警机制并实现与政府的联系沟通，有助于调整公司营销策略的同时及时获得政府的响应及支持。

### （五）帮助政府招商引资

西南油气田公司高度重视政企关系的维护与管理，积极为地方政府分忧解难，支持地方政府的工作，积极谨慎地使用用气指标承诺，建立政企互信制度；凭借气源保障能力和管网调配灵活优势，充分满足地方政府对符合天然气利用政策的用气指标的诉求，促进区域经济的全面发展。特别是在各地的工业园区规划和建设中，与地方政府主管部门一起对城市燃气用气规划进行研究，为市场营销的决策提供了依据，也有利于城市燃气的有序发展。协助地方政府制定工业园区招商引资优惠政策，增大工业园区产业聚集能力，扩大用气规模。为了解决一些城市燃气发展中的一些重大问题，不惜代价主动与省市主管部门如发展改革委、经济和信息化委员会、物价局以及地方政府部门一起，共同研究天然气利用和发展规划。另外，西南油气田公司经常参加省级经济工作会，为四川盆地天然气工业的稳步发展作长远规划。

据不完全统计，自 2003 年以来，公司出资数百万元帮助地方政府研究制定天然气规划多达 10 余次。

（六）协助政府举办天然气利用论坛

公司组织召开了一次学者专家云集、政府高度重视、客户广泛参与的高端天然气论坛——2017 西南地区天然气利用峰会，峰会上各方专家代表群策群力，共商共谋西南区域市场的天然气利用及发展前景，触发了各界的共鸣，引发了强烈的反响，这有利于推进形成西南五省（区、市）天然气高效利用的思路、措施，促进天然气市场潜力的最大释放，助推区域经济社会发展形成新的优势，提供新的动能，共建美丽大西南。

## 七、为客户创造价值

（一）价价联动

为充分发挥可中断客户移峰填谷的能力，激发客户的用气潜力，公司组织开展相关价格策略研究，首创性地提出了天然气原料价格与下游产品市场价格相关联的"价价联动"机制，解决了长久以来相关行业量与价的平衡问题，为川渝地区天然气市场的健康、可持续发展做出了重要的贡献。

首先按照《天然气销售价价联动实施细则》，逐月对可中断调峰客户根据下游产品市场价格和价格承受能力进行测算，合理制定价格策略，适时调整以天然气为原料及调峰电厂等客户的天然气销售价格，最大限度地发挥可中断客户的调峰作用。

其次对于调峰客户，实行定价挂牌方式交易；结合川渝地区产销平衡状况，线上交易设置上限价格，有效满足各类客户采购需求的同时实现淡季稳价增量。通过实施该价格机制发挥市场消纳能力约 7 亿立方米，撬动市场需求约 8 亿立方米。目前，"价价联动"机制已得到中国石油销售部门及国家发展改革委的高度认可，正做进一步研究，计划在全国天然气市场推广这一做法。

**（二）精准促销**

按照中国石油销售部门实施淡季促销的指导要求，西南油气田公司精准把控市场需求，针对客户属性、用气特点制定了行之有效的靶向策略，对10余家以天然气为原料的工业客户开展精准促销，实现销量与效益齐增。

（1）积极顺应市场需求，通过价格杠杆刺激客户用气潜力，制定分批次的淡季促销方案。

在供不应求时期，推出阶梯气价，激活市场用气潜能；在供应宽松时期，合理增加长期价格协议的灵活性，以应对不断变化的市场情况。适时对竞争区域、规模性煤改气、LNG、炼油化工等多家有促销价值的客户，采取个性化的靶向分策优惠，稳定市场份额，增强客户忠诚度。

（2）借力国家价格政策，实现化肥与非居民价格并轨，确保化肥用气增效到位，促进营销效益最大化。

（3）充分利用页岩气开采的补贴政策，通过合理安排页岩气的产销，实现量效齐升。

（4）持续强化天然气价格浮动机制研究，细化方案、科学组织，充分结合市场和季节性调峰保障供应形势，科学编制冬春季非居民气价上浮方案，实现冬春有效保供。

**（三）提供增值服务**

1. 金融服务

积极协调中国石油昆仑银行，建立更加畅通的信息沟通渠道，为客户的资金需求和昆仑银行的业务拓展搭建良好的合作平台，实现"金融优势和产业优势的相融合"：一方面，积极利用昆仑银行金融服务平台，充分发挥好其能为油气专业领域拓展业务的特性和作为金融机构的一般性特点，在销售环节将资源供给与金融配套相结合，帮助天然气客户和昆仑银行在存贷款业务、票据融资、保险业务等方面建立战略合作伙伴关系，公司可联合昆仑银行及其下属金融机构为客户提供贷款或股本方式融资；另一方面，公司联合昆仑银行协助客户开展项目经济评估。此外，公司可深化银企多方合作，打造利益共同体，联合昆仑银行、昆仑保险以及中意人寿等金融企业在燃气调峰发电、分布式能源推广、LNG产业联盟打造、天然气制氢等项目上以"互利互助，合作共赢"的理念探讨产融深度合作，打造深度融合的产业链业务。在2020年新冠肺炎疫情期间，公司协调昆仑银行以灵活的方式向信用较好的陶瓷客户增加放贷并降低贷款利率，同时在地方政府的帮助下协调银行对气费预缴困难的客户提供短期足额的"促销贷"信用贷款服务，减小企业因疫情造成的资金压力，促进企业客户尽快复工复产。

2. 物资采购服务

利用公司资源，为客户提供物资采购服务，为客户节省运营成本。公司所属物资部门利用采购的专业优势，为天然气化工原料客户提供涉及金额上千万元的物资采购服务，帮助客户解决设备检维修、物资采购储运等方面的后顾之忧。

3. 管道设计服务

根据客户需求，协调专业的管道设计商为其进行管道设计，为客户提供可靠的专业服务。近两年，中国石油管道设计商为公司多家客户提供了管线设计专业服务。

4. 缩短结算周期

在确保客户不出现欠款的前提下，缩短客户的结算周期，在客户预付预存气款后即开通供气，确保客户的生产任务不受气源短缺的影响。

5. 用气安全服务

（1）为确保客户用气安全，公司利用自身优势，对客户自建管线、厂内燃气设施进行免费检测以及补漏换管服务。

（2）利用"互联网＋城市燃气"的大数据平台实施用气安全管理，实时监测用户数据，及时发现问题，做出最快、最适合的应对策略为用户解决问题，提高用户满意度。

（3）通过全力推动燃气设备改造、安装和燃气报警器销售安装以及燃气保险的销售，为客户提供公司的用气安全增值服务。

6. 精准营销，保证客户平稳供气

确保资源，有效管控市场。强化市场分析和客户沟通，认真分析天然气市场，预判在用客户、新增客户和在停老客户的增量情况，组织公司自产气、中贵线、中缅线、川东北高含硫和页岩气、中国石化等六大气源，积极进行供气企业内部协调以确保资源的保障供给，为客户稳定用气创造有利条件。一方面科学安排客户的检维修作业，通过产运销联动有效平衡资源和市场，充分发挥公司产能和储气库采气最大化效力；另一方面精细节假日供气管理，提前开展客户节假日用气对接，细化节假日供气方案，实现天然气的稳销增效。

## 第四节　以价值创造为核心的天然气营销模式成效

一、打造了"夹江模式"，引导产业利用政策落地生根

支持当地 60 多家陶瓷企业彻底完成"煤改气"并降低生产成本，将天然气销售与下游企业发展紧密相连，不仅保证了天然气长期稳定的销路，在经济增长弱周期也体现了央企支持地方经济发展的责任与担当。公司与夹江县政府共同打造"西部瓷都"煤改气示范区，引导

当地政府出台配套政策，推动了"煤改气"示范项目快速发展。公司主动配合地方做好天然气发展规划和方案的编制，极力推动地方出台与公司发展相匹配的规划布局和"煤改气"实施方案。

通过实施夹江区域陶瓷企业客户的"煤改气"营销模式，在清洁能源利用、环保贡献及社会贡献三个方面取得了巨大的成效，其中，用气量从煤改气前的 20 万立方米/日上升至煤改气后的 214 万立方米/日，增幅近十倍；环保贡献方面使用水煤气的 80 家陶瓷企业减少排放一氧化碳 7.2 万吨、二氧化硫 0.344 万吨、粉尘 0.67 万吨，PM2.5 同比下降 22.89%，夹江空气优良天数同比增加 30%；社会贡献方面建立了川西地区清洁能源替代示范区域，成功打造了煤改气的"夹江模式"并将模式移植到全国其他市场。

### 二、实现了成熟市场创效，新增市场跨越发展的新局面

"十三五"期间，国家持续推进天然气市场化改革，逐渐放开天然气价格管制，建立两大油气交易中心，随着改革不断渗入，多气源供应格局初步形成，下游市场竞争更趋激烈。川渝地区天然气产量快速增长，但区域市场增长乏力，市场需求量的增长远远落后于天然气产能增加。应对产运销协调难度不断加大，公司构建了"以客户为中心，以价值创造为核心"的营销新模式，实现从"坐商"到"行商"到"慧商"的逐步转变。采取"靶向施策"，精准促销，实现标签化销售，首创"价价联动"定价模式；强化计划配置，优化资源量；加强终端策略研究，深入打造黄金终端，使得提质增效成果显著，天然气销售量效齐增，各项指标创历史新高，2019 年在川渝地区市场占有率达到 75% 以上，实现了成熟市场的创收创效。

西南油气田积极跟进新增市场，重点开发分布式能源等项目，赢得下游市场开发的主动权，已取得南充格润分布式能源等 16 个项目的

供气权，占据川渝地区开发天然气分布式能源的主导地位。同时，积极助推同业销售部门开拓川渝天然气市场，使其于2019年在四川的销售业绩翻番并实现扭亏为盈，在重庆的销量实现了"零"的突破。

## 三、良好的营销模式提高了客户忠诚度

根据客户用气规律和合同要求，保证按需（气量、品质、压力、调峰）安全平稳供气；供气流程、计量信息透明化，保证客户及时准确获得需要的信息；供气企业与客户建立高度灵活、准确调控（包括物流、信息流、资金流）的供气系统和管理系统；对大型企业力争做到专线直供，按客户特点实行定制服务；建立突发事件应急机制，保证客户在出现突发事件中用气不中断；精准提升合规管理水平适时开展用气结构核查，切实维护供用双方利益。通过上述措施，与客户建立理性务实、长期合作、互利双赢、协调共进、合作发展的良好关系，使客户满意，获得了资源保障放心、保供调峰放心、诚信经营放心"三个放心"的客户正向好评，提高了客户忠诚度。

## 四、良好的营销模式得到了政府好评

通过采取派人上挂政府部门工作以助推企地和谐、拓展管理视野、提升治理能力，与政府合资合作以构建与地方政府的利益共同体，与地方政府建立沟通机制以充分发挥地方党委、政府在天然气工业发展中的协调、统筹作用，提供市场信息或实现信息共享及时获得政府的政策支持，帮助政府招商引资以促进区域经济的全面发展，协助政府举办天然气利用论坛以助推区域经济社会发展形成新优势等一系列举措，取得了省市主管部门依法合规经营提升、经济社会发展贡献价值提升、顺应市场变化意识和推进市场变化改革提升"三个提升"的认同评价。

## 第五节　以价值创造为核心的天然气营销模式持续优化路径

一、营造良好营销环境，推动市场发展

（一）积极争取政府支持，推动天然气产业政策出台

1. 呼吁地方政府尽快出台市场化调峰气价

政府应加快制定终端顺价机制和研究制定调峰气价储气服务收费机制，着重明确调峰责任，建立储气服务收费机制，储气设施经营企业可自营天然气购销业务，制定储气调峰价格，明确收费标准及模式、计量方式等。调峰气价必须得到政府价格管理部门的支持及市场和用户的认可和理解，才能顺利推出和实施。

2. 推动形成管输容量销售价格定价机制

为提升区域内管网及配套设施的使用效率，适时推进管道容量费和使用费的"两部制"收费模式，建议推动形成管输容量交易和定价机制，建立管网交易平台，推动管容交易，特别是冬季用气高峰时期的管容交易，促进管容流通，提高管网的利用率，也可减少管网预定者的损失。

3. 推动居民和非居民价格实质并轨

2019年6月10日后居民用气门站价格一直未作调整，价格水平低于非居民用气，居民和非居民用气未实现实质并轨，导致交叉补贴现象依然严重。建议尽快推动区域内居民和非居民价格实质并轨，同时对低收入群体实施精准补贴政策。

（二）深化与中国石化互联互通，促进川渝地区天然气市场和谐发展

持续加强与中国石化互联互通，高效利用中国石化资源。加大

## 第七章 打造以价值创造为核心的天然气营销模式

互联互通力度，正向疏导中国石化资源，规避无序竞争，研究建立互利双赢的商务模式；以最小的成本保留与中国石化互联互通，在关键时刻发挥其资源补充作用，确保最大限度销售自有资源；有效控制公司和中国石化互相代输资源的进出平衡，最大化发挥返输能力并协助中国石化富余资源出川，减少区域内竞争；用部分场站的出气量作为进出平衡调节，有效维护并扩大公司在川渝地区的市场份额。

（三）加强地方投资平台公司合资合作，共同开发终端市场

在重点城市选取发展潜力大、信誉好的地方终端燃气公司，开展合资合作业务。通过股权投资等形式，按照"宜参则参、宜控则控"的原则，加强与地方政府投资平台的对接力度，发挥各自的资源优势，拓展合作领域，实现优势互补，进入终端燃气业务市场共同开发终端市场。

### 二、以价值创造为核心，深化客户管理，构建供用利益共同体

进一步深化客户管理，实施大客户精准化服务。

一是建立客户数据库，完善客户回访制度，沟通信息，及时认真解决供用气中的问题，确保对客户安全、稳定、充足的天然气供应；二是建立"一企一策"的大客户管理专项服务制度，及时反馈大客户需求，实行"专人跟进、专门保障"的服务机制；三是为客户制定个性化服务方案，把"卖产品"提升为"卖服务、卖方案"，通过提供服务实现公司的品牌输出，开展非气业务，丰富公司利润来源；四是加大天然气宣传力度，尤其针对短期利益驱动下的能源市场"逆替代"，在向客户宣讲政策风险成本的同时，通过公司的增值服务引导客户用气消费，为公司的未来发展奠定坚实的市场基础。

### 三、进一步完善客户经理负责制，提升客户服务水平

持续把客户经理负责制落到实处，公司要指导终端平台继续完善客户经理负责制，指派专人为客户经理对用气量较大的非居民客户实施"一对一"的专门服务，建立客户经理管理台账，客户经理联系方式、名字、照片要形成目视化；组织销售业务人员深入工作现场，深入终端市场，做细做实销售方案，做优做好销售服务；加强培养能够准确把握经济运行状况、燃气行业政策、精准捕捉市场动态的专业营销人才，积极发展熟悉天然气分布式能源、城市燃气和车用天然气等高端市场业务的专业人才。

### 四、客户服务链向上中下游延伸

加强与上游勘探开发、中游管道输送的充分对接，沟通协调，以销定产，沟通下游与上中游关系，确保上中游以市场为导向的发展，保障下游发展需要的资源与管输能力。充分运用一体化机制优势，对天然气产运储销各业务环节统一规划、统一实施、统一检查、统一考核，结合上中下游具体情况，灵活采取资源、市场、价格三位一体的精准促销策略及资源与市场联动策略，最大限度地发挥一体化产能与市场相匹配的特点，实现天然气销售的量效齐增及公司综合效益的最大化。

客户服务要向下游终端延伸，通过研究客户市场，向客户提供增值服务，帮助客户实现产品销售，促进客户健康发展。公司利用自己在天然气领域积累的大量信息资源、先进技术等，搭载基础产品渠道，在有选择性地对客户进行"服务赠送"之外，为客户有偿推送信息分享、技术培训等增值服务，把公司利润重心从基础产品转向增值服务。

一是为客户提供与天然气相关的最新全国和川渝地区市场信息，

供需关系变化、管道资费问题以及各地监管政策等，为客户提供产业优化服务，帮助客户优化能源资产配置；二是为客户提供设备升级服务，升级后的设备可以提高天然气利用效率；三是为新客户提供从管道铺设、管道安装、天然气入户、气费缴纳、可持续性维持等方面服务。通过服务不断加深客户对企业的忠诚度，以扩大市场占有份额。

### 五、探索团队营销新模式，追求产业链价值最大化

充分发挥一体化整体优势，激发各单位、各部门在天然气销售中的职能作用，展现上中下游联动的整体实力，实现整体效益最大化，进一步提升企业形象；充分利用一体化优势，创新销售体制，助推公司天然气产量快速增长和整体效益显著提升；充分发挥一体化优势，推动销售量效齐增并形成良好的天然气利用商业生态圈，对天然气产运储销各环节实施统一规划、统一实施、统一检查、统一考核，结合上中下游情况，灵活采取以销定产、以产定销，或产销协同等策略，实现量效双增、综合效益的最大化，最大限度地追求产业链价值的最大化。

### 六、打破一张网，减少中间环节，降低客户成本

#### （一）积极稳妥改变供气模式

对大工业用气项目，原则上采取直供方式供气，不具备直供条件的，可采取直供＋省管网公司代输的方式供气；如省管网公司不愿意提供代输服务，可通过投资供气管道或引入第三方建设供气管道提供代输服务。

城市燃气项目，在省管网公司已覆盖区域，支持省管网公司转供，或采用直供＋省管网代输的方式供气；在省管网公司未覆盖区域，具备直供条件且无争议的，可采用直供方式供气。

## （二）积极支持支线管网建设

在市场有效落实及战略需要的情况下，采取多种形式支持支线管网建设。一方面引入公司所属终端与管网公司或政府认可的管网投资平台合作建管；另一方面积极支持政府认可的投资方参与支线管网建设。

## （三）加强政府的对接

加强与地方政府对接、沟通，取得政府的支持。

## （四）与客户直接签订合同

逐步与省管网公司转供客户直接签订合同，客户向管网公司支付管输费，确保市场稳定。

## （五）争取投资建设分输站

随着国家油气管网公司的成立以及输销分离改革进程的加快，销售企业无分输站的格局将严重影响天然气的市场开发，因此建议给予销售企业建设分输站的权限，支持天然气的市场开发。

## 七、强化市场研究，主动适应天然气市场化改革

（1）抓好能量计量计价试点工作，总结一套能量计量计价的方式方法，形成标准。

一是探索建立公司和客户之间按能量进行结算的管理办法，包括计价单位的确定、基准热值的选择，营销报表、合同相关条款的调整等。在计价单位的选择上，要兼顾使用的便捷性和易接受程度；在基准热值的选择上，要经过充分测算，确保按照能量计价结算不会引起客户购气成本上升；调整营销报表、合同文本等，是公司销售端为适应下一步大规模开展天然气能量计量计价，做好管理转变的必要准备工作。

二是探索基于能量的天然气商品定制服务。实施能量计量计价后，

不同客户基于使用方式的不同（天然气作为燃料或原料），对天然气的热值可能提出个性化需求。销售端可以探索不同热值需求的细分市场或为用户定制特定热值的天然气，提高经营效益。

（2）加强价格研究，推动形成储气设施收费机制，积极呼吁按在役管道资产的重置成本测算管输费。

建立储气服务收费机制，储气设施经营企业可自营天然气购销业务，制定储气调峰价格，明确收费标准及模式、计量方式等；适时推进管道容量费和使用费的"两部制"收费模式，建议推动形成管输容量交易和定价机制，建立管网交易平台，为已预定而未用的容量提供流通渠道，推动剩余管容交易，特别是冬季用气高峰时期的剩余管容交易，促进管容流通，提高管网的利用率，减少管网预定者的损失。

（3）做好油气交易中心的线上交易工作，推动天然气市场化改革进程。

利用油气交易中心这一国家级能源交易平台，加快推进交易模式与交易产品创新，不断增加市场交易规模，场内交易与场外交易相结合，力争到2025年川渝地区天然气市场化交易量占天然气消费量要超过50%；充分发挥油气交易中心的价格发现功能，以市场化方式形成区域基准价格，通过交易中心市场化交易优化资源配置，提升资源配置效率来满足各方诉求，协调统筹企业与地方关系；理顺价格形成机制，如出厂基准价、差别价格（季节差价、可中断用户价、峰谷价等）、现货价格、管输费、储气费，形成产业链各环节的基准价格，体现出各环节的真正市场价值，有效调节市场供求，体现市场化改革的示范效应。

## 八、稳步推进终端市场发展

（1）变竞为合、加大并购，以"政府参与，主体多元，业务广泛，实质经营"为原则，扩大市场规模。

继续向终端平台移交部分有利于终端发展的站场和支线管道，逐步将终端自由站场和管道上供气的客户向终端移交；继续强化支线管网建设，积极开展区域管网适应性分析，完善管网布局，破除供气瓶颈。

（2）共同推进煤改气、分布式能源项目发展。

优化顶层设计，释放煤改气、发电及分布式能源的市场用气潜力，重点关注运行年限即将到期的大型燃煤锅炉，及时协调对接，研究差异化市场开发策略。配合政府力争新规划储备部署一批分布式能源项目，进一步加强与政府规划部门的对接，积极推进在成德绵、川南、川东北等大型城市群及用能负荷中心及天然气资源集聚区新增规划储备一批燃机调峰电厂及分布式能源项目，为中长期市场开发做好储备。

（3）持续发挥区域联管会作用，协调处理各方关系。

推动终端联管机制持续高效运转，通过持续强化联管会协调机制，为终端平台的冬春季保供、市场开发、市场竞争、管道建设、企地协调等工作积极出力，为终端公司高质量、可持续发展奠定坚实的基础。

# 参考文献

[1] 白桦，陈蕊．近期全球天然气市场新特点及短期预测 [J]．国际石油经济，2019（27）6：41-46．

[2] 白兰君，胡奥林，姜子昂．美国天然气工业与天然气交易 [M]．北京：石油工业出版社，2004．

[3] 陈赓良，王开岳．天然气综合利用 [J]．北京：石油工业出版社，2004．

[4] 陈坤明，汪玉春，吴华丽，等．城市天然气中长期消费预测 [J]．天然气技术，2007，1（6）：77-79．

[5] 程牧．天然气销售与市场分析信息管理系统研制 [D]．西安：西安工程大学，2012．

[6] 邓渊．煤气规划设计手册 [ M ]．北京：中国建筑工业出版社，2000．

[7] 董康银，孙仁金，李慧．中国天然气消费结构转变及对策 [J]．科技管理研究，2016，36（9）：235-241．

[8] 杜奇平，赵清明，杜静．天然气企业市场营销业务闭环管理的思考 [J]．石油工业技术监督，2014，30（3）：12-14．

[9] 段永章，王良锦，杜奇平．天然气联网营销若干问题的思考 [J]．天然气技术与经济，2011，5（6）：53-55．

[10] 何春蕾，段言志，邬宗婧，等．基于气温的城市燃气短期日负荷预测模型：以四川省成都地区为例 [J]．天然气工业，2014（4）：131-143．

[11] 何润民，史宇峰，等．天然气工业用户用气特征研究，[M]．北京，石油工业出版社，2013．

[12] 贺志明，杜奇平，罗凌睿.关于西南油气田天然气销售体制改革优选路径的思考[J].天然气技术与经济，2017，11（5）：57-61.

[13] 贺志明，杜奇平，袁灿，等.对于天然气销售推行客户经理制的思考——以中国石油西南油气田公司天然气销售为例[J].天然气技术与经济，2020，14（2）：67-71.

[14] 贺志明，文翔宇，邱文，等.以价值创造为核心的天然气营销模式探讨[J].天然气技术与经济，2018，12（2）：62-65.

[15] 贺志明.建立科学的价格形成机制 促进天然气市场健康发展[J].北京石油管理干部学院学报，2014，21（1）：24-30.

[16] 后鑫.新形势下天然气营销策略建议：以广东市场为例[J].石油化工管理干部学院学报，2020（22）3：49-51，66.

[17] 胡奥林，王小明.天然气供应安全及其应对策略[J].天然气工业，2008，28（10）：125-129.

[18] 胡国松，温馨，王怡娟.四川天然气消费需求预测与发展对策研究[N].西南石油大学学报（社会科学版），2010（3）4：1-10.

[19] 黄涛，孙法平.客户至上：以客户为中心[M].北京：企业管理出版社，2018.

[20] 姜子昂，王富平，段言志，等.新形势下中国天然气市场发展态势与应对策略——以川渝气区为例[J].天然气工业，2016，36（4）：1-7.

[21] 焦健.天然气销售企业营销策略研究[J].中国集体经济，2021（16）：71-72.

[22] 焦文玲，金佳宾，廉乐明，等.时间序列分析在城市天然气短期负荷预测中的应用[N].哈尔滨建筑大学学报，2001，34（4）：79-82.

[23] 焦文玲，展长虹，廉乐明，等.城市燃气短期负荷预测的研究[J].煤气与热力，2001，21（6）：483-485.

[24] 李宝军，贺志明，朱力洋，等.川渝地区建设中国天然气市场化改革发展示范区的思考[J].天然气工业，2020，40（11）：1-10.

[25] 李冬. 天然气使用经济价值计算的基本方法探析 [J]. 中国市场, 2017 (28): 92, 114.

[26] 李怀明, 赵均. 攀枝花市天然气市场及价格承受能力分析 [J]. 天然气技术, 2009 (04): 73-75.

[27] 李兰兰, 徐婷婷, 李方一, 等. 中国居民天然气消费重心迁移路径及增长动因分解 [N]. 自然资源学报, 2017, 32 (4): 606-619.

[28] 李鹭光, 周志斌, 康建国, 等. 天然气使用经济价值计算方法研究 [M]. 北京: 科学出版社, 2012.

[29] 李萍. 资源的优化配置和合理配置的区别与联系 [D]. 赣州: 江西理工大学, 2009.

[30] 李森圣, 段言志, 王莅. 中央定价目录调整对川渝天然气市场的影响研究 [J]. 天然气技术与经济, 2020, 14 (2): 61-66.

[31] 刘朝明, 蒋朝哲. 四川省能源需求预测与开发战略研究 [M]. 成都: 西南交通大学出版社, 2007.

[32] 刘满平. 从定价目录调整看天然气定价机制改革趋势与方向 [EB/OL]. https://www.sohu.com/a/381448324_825427, 2020-03-19.

[33] 卢全莹, 柴建, 朱青, 等. 天然气消费需求分析及预测 [J]. 中国管理科学, 2015 (23): 823-829.

[34] 罗凌睿, 贺志明, 吴杨洁, 等. 川渝地区"煤改气"营销策略研究 [J]. 天然气技术与经济, 2017, 11 (5): 62-64.

[35] 钱治家, 贺志明, 张友波. 激活区域LNG产业链的经济贡献及产业政策建议——以川渝地区为例 [J]. 天然气工业, 2017 (37) 11: 119-124.

[36] 芮旭涛, 冯连勇, 赵连增. 天然气价格承受能力研究综述 [J]. 中国矿业, 2019 (04): 10-15.

[37] 王富平, 冯琦, 崔陈冬, 等. 中国天然气差别价格体系研究 [J]. 天然气工业, 2017 (37) 12: 112-118.

[38] 王富平,文雯,吴杨洁,等.对我国建立可中断天然气价格的思考[J].天然气技术与经济,2016(10)6:40-43.

[39] 王富平,燕琳,陈方兵.城市天然气供暖的利用价值评估及建议[J].天然气技术与经济,2014,8(06):64-66.

[40] 王希勇,张家彬,袁宗明.城市燃气长期负荷预测模型的灰色方法[J].管道技术与设备,2007,6(6):6-9.

[41] 王雅菲,陈进殿,李伟,等.天然气中长期需求预测技术现状与发展趋势[J].石油规划设计,2013(24)6:16-19.

[42] 吴刚强,王建敏,袁建立.天然气市场竞争手段体系与评价实证研究[J].天然气技术与经济,2016(10).

[43] 谢汝君.论天然气市场的开发与培育[J].科学管理,2017(8):191.

[44] 熊伟.川渝地区天然气利用产业集群研究[M].北京:石油工业出版社,2013.

[45] 熊伟,李映霏,吴雨舟.川渝地区天然气利用产业集群发展动力与启示[J].天然气技术与经济,2018,12(6):44-47,83.

[46] 杨建红,徐文满.天然气市场营销[M].北京:石油工业出版社,2017.

[47] 杨建红.中国天然气市场可持续发展分析[J].天然气工业,2018,38(4):145-152.

[48] 杨俊杰,陈志斌.城镇CNG与LNG供气方案的经济分析[J].煤气与热力,2003,23(1):28-29

[49] 杨义,潘凯,胡旸,等.新形势下中国东部区域天然气市场发展趋势及营销策略[J].油气与新能源,2021(33)2:91-96.

[50] 杨昭,刘燕,苗志彬,等.人工神经网络在天然气负荷预测中的应用[J].煤气与热力,2003,23(6):331-336.

[51] 殷建平,张俊丽.基于能源比价的天然气用户价格承受能力研究——以北京市为例[J].价格理论与实践,2012(04):28-29.

[52] 张建平, 何润民, 邹晓琴, 等. 新格局下中国天然气市场营销业务的数字化转型 [J]. 天然气工业, 2021（41）: 169-177.

[53] 周斓, 李健. 关于天然气批发环节客户评价体系及精准营销的思考 [J]. 国家石油经济, 2020（28）1: 78-81.

[54] 周章程, 王瑾. 关系市场营销在"西气东输"天然气销售中的应用 [J]. 天然气工业, 2006（4）: 138-139.

[55] 邹才能, 赵群, 陈建军, 等. 中国天然气发展态势及战略预判 [J]. 天然气工业, 2018, 38（4）: 1-11.

[56] Azadeh A, Ghaderi S F, Sohrabkhani S. A simulated-based neural network algorithm for forecasting electrical energy consumption in Iran[J]. Energy Policy, 2008, 36(7): 2637-2644.

[57] de Oliveira E M, Oliveira F L C. Forecasting mid-long term electric energy consumption through bagging ARIMA and exponential smoothing methods[J]. Energy, 2018, 144: 776-788.

[58] Fumo N, Biswas M A R. Regression analysis for prediction of residential energy consumption[J]. Renewable and Sustainable Energy Reviews, 2015, 47: 332-343.

[59] Günay M E. Forecasting annual gross electricity demand by artificial neural networks using predicted values of socio-economic indicators and climatic conditions: case of Turkey[J].Energy Policy, 2016, 90: 92-101.

[60] Liu D, Ruan L, Liu J C, et al. Electricity consumption and economic growth nexus in Beijing: A causal analysis of quarterly sectoral data[J]. Renewable and Sustainable Energy Reviews, 2018, 82: 2498-2503.

[61] Sen P, Roy M, Pal P. Application of ARIMA for forecasting energy consumption and GHG emission: a case study of an Indian pig iron manufacturing organization[J]. Energy, 2016, 116: 1031-1038.

[62] Shaikh F, Ji Q, Shaikh P H, et al. Forecasting China's natural gas demand based on optimised nonlinear grey models[J].Energy, 2017, 140: 941–951.

[63] Zhang Q, Li Z, Wang G, et al. Study on the impacts of natural gas supply cost on gas flow and infrastructure deployment in China[J]. Applied Energy, 2016, 162: 1385–1398.

扫描二维码查看参考文献电子版